POUR EN FINIR AVEC L'ÉCOLOGIE PUNITIVE

OLIVIER BLOND

POUR EN FINIR AVEC L'ÉCOLOGIE PUNITIVE

Préface de Yann Arthus-Bertrand

BERNARD GRASSET
PARIS

Photo de couverture : Gonzalo Azumendi / Getty images

ISBN : 978-2-246-81423-8

Préface

L'écologie est un humanisme

« On s'est trompé dans notre tactique pour combattre le réchauffement. Nous avons insisté surtout sur le climat et en négligeant les ravages sanitaires causés par la pollution. On a donné l'impression aux citoyens que le changement climatique était quelque chose de lointain, qui va arriver à la planète, toucher les glaciers mais pas eux, et qui va concerner les générations futures mais pas la nôtre. » Cette citation qu'utilise Olivier Blond dans son ouvrage en illustre l'enjeu essentiel : transformer l'écologie pour remettre l'être humain au cœur des problématiques environnementales.

C'est vrai du réchauffement climatique, mais aussi de l'exploitation du coltan en République démocratique du Congo dans des conditions inhumaines, de la pêche industrielle qui prive de revenus les pêcheurs du Sénégal, de la sécheresse en Australie qui pousse les agriculteurs au suicide, de la déforestation et de son lot de meurtres et de violences partout dans le monde…

L'écologie est un humanisme, comme je le dis souvent. Et cette idée est partagée par de plus en plus d'écologistes, quoique souvent de manière tacite ou inconsciente. Elle a besoin d'être affirmée car elle est à la fois moins simple et plus importante qu'il n'y paraît. C'est ce que fait Olivier Blond.

Ce lien profond entre ces deux idées fondamentales, je l'ai vécu dans mon travail de réalisateur, en filmant d'abord la beauté de la planète Terre dans *Home*, puis celle des femmes et des hommes qui la peuplent, dans mon film *Human* – et bientôt *Women*. C'est pour moi une évidence. Mais c'est aussi une douleur. Car partager – ne serait-ce que mentalement – le destin de quelques-uns des 8 milliards d'êtres humains, par les temps qui courent, est pesant. Olivier Blond a contribué à ce travail et à l'action de ma fondation : il a travaillé avec moi pendant près de dix ans. Nous avons partagé des convictions mais aussi une émotion, une empathie. Et cela n'a rien d'anecdotique car c'est à cet endroit que se situe le nœud de la relation entre humanisme et écologie, et c'est là que réside la force qui permet d'espérer encore changer le monde.

Ce ne sont en effet ni les menaces, ni les prophéties apocalyptiques, ni les leçons de morale, ni même les raisonnements rationnels qui changeront notre société. C'est l'élan qui nous pousse vers les autres et qui nous lie à eux. C'est l'amour – dans ses multiples formes.

Face aux peines ou aux épreuves que la vie nous inflige, il faut réapprendre à pleurer. Car les larmes chaudes qu'amènent parfois le courage ou la bonté sont précieuses, quand les flots d'émotion emportent les digues de notre réserve habituelle, quand nous partageons pour quelques instants l'expérience d'autres êtres même si nous ne les connaissons pas, quand nous retrouvons un lien avec eux. Dans ces moments je me dis que plus encore qu'une écologie humaniste, il faut une écologie humaine, chaleureuse, qui nous réconcilie avec nous-mêmes et avec notre siècle. Et je crois que là est l'avenir de l'écologie.

Il est certes plus facile de se fermer à la douleur du monde, de continuer comme si de rien n'était, de ne penser qu'à soi, de se rassurer sur les réseaux sociaux auprès de milliers d'amis virtuels. Il est plus aisé de décrier l'humanisme aujourd'hui, de céder au cynisme ou de refuser les transformations profondes qui s'imposent à nous.

Mais les chemins les plus faciles ne sont ni les plus beaux ni les plus heureux.

YANN ARTHUS-BERTRAND.

Introduction

La pollution de l'air tue près de 48 000 personnes chaque année en France. Soit autant de victimes que l'amiante en vingt ans, 20 fois plus que les affaires du sang contaminé ou du Mediator et 200 fois plus que la vache folle. Elle est à l'origine du plus grand scandale sanitaire français[1].

Les études scientifiques s'accumulent, les pics de pollution se succèdent et la liste des victimes s'allonge. La pollution de l'air est devenue la troisième cause de mortalité en France, derrière la cigarette et l'alcool. Et pourtant, rien ne change.

Les milliers de morts s'accumulent sans émouvoir. Les victimes restent invisibles, comme la pollution. Seuls les pics de pollution la rendent perceptible, quand chacun peut ressentir ce goût collant et métallique dans la gorge, quand les yeux ou le nez vous piquent, quand les lampadaires s'entourent d'un halo inaccoutumé, quand la tour Eiffel disparaît dans une brume opaque et persistante.

Comme dans les autres scandales sanitaires, mais à une échelle plus large encore, la pollution de l'air recouvre un écheveau d'aveuglements politiques, de données scientifiques enterrées, d'intérêts industriels égoïstes, de fraudes (dont l'affaire Volkswagen ne constitue qu'un petit aspect), de lobbying honteux, de dysfonctionnements et d'abandons à presque tous les étages des institutions censées nous protéger.

Cette crise sanitaire majeure s'est développée sur plus de deux décennies. Et ces vingt années de myopie, de déni ou d'intrigues nous placent aujourd'hui dans une situation critique, face à laquelle aucune demi-mesure n'est satisfaisante. Chacun sait qu'il faudra davantage que quelques jours de circulation alternée pour résoudre le problème. Après tant d'années d'inaction, les solutions seront coûteuses et demanderont courage et détermination. Mais lutter contre la pollution de l'air se heurte systématiquement à un procès en écologie punitive. C'est l'expression favorite des défenseurs du statu quo et des porte-parole autoproclamés des automobilistes.

Ces accusations prennent désormais pour cible principale Anne Hidalgo, maire socialiste de la Ville de Paris, ses mesures contre la voiture dans la capitale et son engagement louable pour cette cause essentielle.

Mais ces accusations en écologie punitive dépassent la seule question automobile pour former la critique la plus puissante et la plus profonde qui ait été portée contre l'écologie depuis des années. Aussi instrumentalisées et mal définies qu'elles soient, il importe d'en prendre la mesure et d'y répondre.

La lutte contre la pollution de l'air nous amène ainsi à repenser l'écologie pour la sortir de sa dimension punitive. Et ce ne sera possible qu'à la condition de dépasser les hostilités autour de ce thème entre gauche et droite ou entre Parisiens et banlieusards. Pour sauver des vies, il faudra réconcilier les Français avec l'écologie.

Dans cette perspective, placer l'écologie à gauche ou à droite serait lui rendre bien peu service. Ce serait utiliser un référentiel presque périmé pour aborder une idée d'une modernité dont il reste encore beaucoup à découvrir. L'écologie doit irriguer l'ensemble des courants politiques – même les plus extrêmes –, elle n'est ni d'un bord ni de l'autre, ou, ce qui revient au même, elle peut être de l'un et de l'autre. Pour reprendre et détourner une célèbre phrase de Valéry Giscard d'Estaing : aucun candidat n'a le monopole du cœur ; aucun parti n'a, non plus, le monopole de l'écologie.

Les propositions que je formule ici invitent à une transformation et même un renversement fondamental. Je les regroupe sous le terme d'« écologie prométhéenne » pour marquer à la fois une filiation et une rupture. La première trace un lien vers les Lumières, qui voyaient dans le célèbre titan, qui donna aux hommes le feu de la connaissance, le symbole d'une libération. L'écologie doit devenir humaniste.

La seconde fait référence au philosophe Hans Jonas et à son livre le plus célèbre, *Le Principe responsabilité*, qui s'ouvre par une diatribe contre « Prométhée déchaîné », symbole des dangers de la technologie. Cette pensée, qui a nourri pendant des décennies la vision dominante de l'écologie dans notre pays, doit être nuancée aujourd'hui. Les catastrophes de Tchernobyl et de Fukushima ne doivent pas faire oublier l'importance des éoliennes, des panneaux solaires ou des voitures électriques. Il est temps de réconcilier l'écologie avec l'humanisme et la technologie.

Pour appuyer mon propos, je mobiliserai trois penseurs majeurs de l'écologie :

le biologiste américain Garrett Hardin, le sociologue allemand Ulrich Beck et, donc, le philosophe chrétien Hans Jonas. Me hissant sur leurs épaules, mais tordant aussi parfois leurs idées dans un sens qu'ils n'auraient pas cautionné, je plaide pour une transformation radicale, un renversement profond. Alors que l'écologie punitive met la société au service de l'écologie, l'écologie que je propose fait l'inverse : elle met l'écologie au service de la population. Alors que l'écologie était un but, elle devient un moyen. C'est une écologie qui vous veut du bien.

Loin d'être un renoncement, c'est au contraire, me semble-t-il, le meilleur moyen de faire advenir des transformations chaque jour plus nécessaires.

Première partie

En finir avec l'écologie punitive

Chapitre 1

L'écologie punitive

L'écologie est perçue en France comme un luxe coûteux réservé aux nantis ou aux idéalistes, mais qui occasionne des dépenses que peu d'entreprises, de ménages ou de collectivités peuvent réellement se permettre. Elle apparaît comme un enjeu secondaire, qui se rappelle à nous lorsque des tempêtes s'abattent sur les côtes ou que surviennent des inondations, mais dont l'impact semble lointain, ponctuel ou marginal. En termes politiques, elle atteint des niveaux remarquablement bas, tant dans sa capacité à mobiliser qu'à rassembler les bulletins de vote.

Toutes ces faiblesses trouvent leur source dans un même problème fondamental qui est celui-ci : les écologistes ont trop souvent une posture moralisatrice ; au nom de valeurs généreuses, ils demandent des sacrifices à celles et ceux qui les écoutent au lieu de défendre leurs intérêts.

Une telle attitude est inefficace car seule une petite minorité de personnes mènent réellement leur vie en fonction de préceptes moraux qui vont à l'encontre de leurs intérêts immédiats. Or l'écologie a besoin d'un assentiment collectif pour transformer la société. Pire, c'est un contresens. Car cette écologie met la société au service de l'écologie alors qu'il faudrait faire l'inverse : mettre l'écologie au service de la population. Elle fait de l'écologie un but alors qu'il faut en faire un moyen.

Les critiques contre cette écologie moralisatrice, en provenance des courants politiques allant de l'extrême droite à l'extrême gauche, se rejoignent souvent dans l'expression d'« écologie punitive ».

Bien que cette appellation soit trompeuse et qu'elle se nourrisse d'une hostilité évidente, elle n'en possède pas moins une part de vérité. Une part suffisante pour en faire la critique la plus puissante qui ait été portée contre l'écologie depuis des décennies. C'est pourquoi il importe de la comprendre.

Dans sa forme caricaturale, l'écologie punitive semble se résumer à une liste d'interdits et de privations. La planète est en danger et la situation exige des sacrifices. Alors ne prenez plus l'avion, ne consommez plus tel produit ni tel autre. Ne faites ni ceci ni cela… La liste est longue des choses plaisantes, utiles ou profitables qu'il faudrait éviter au nom de la défense de la planète. Mais on ne construit pas un programme politique en demandant aux gens d'agir contre leurs intérêts.

Quoique son usage soit répandu, l'expression « écologie punitive » manque singulièrement d'une définition précise. Elle est clairement péjorative, mais plus polémique que descriptive. Que signifie-t-elle vraiment ?

Si Ségolène Royal, ancienne ministre de l'Environnement, a multiplié les interventions sur ce thème, le sujet a été repris à droite comme à gauche. Nicolas Sarkozy a critiqué « une écologie punitive qui dénonce, pointe du doigt les professionnels […], les agriculteurs, pêcheurs, chasseurs […] les premiers acteurs de la préservation de l'environnement et de la biodiversité ». Et cela n'a rien de récent. Pendant la campagne présidentielle de 2007, le terme était déjà utilisé, par exemple, par Frédéric Nihous, candidat Chasse, Pêche Nature et Traditions, dans ses appels « à rejeter l'écologie punitive inspirée par les Verts ».

Le monde politique n'est pas le seul à utiliser le terme. On le retrouve chez les agriculteurs de la FNSEA ou l'association des Contribuables associés qui proteste contre l'interdiction des sacs en plastique. Le monde de l'automobile l'utilise à l'encontre d'à peu près toutes les mesures écologistes qui ont trait à la voiture ou aux motos, de la création des couloirs de bus à Paris aux premières tentatives de taxe carbone, en passant par le méli-mélo de l'écotaxe et jusqu'à la récente vignette Crit'Air (certificat qualité de l'air) ou à la construction de pistes cyclables au cœur de la capitale.

Les situations, les cibles et les contextes sont variés ; le succès de l'expression tient, aussi, à sa capacité de cristalliser un ensemble disparate de critiques.

Derrière la diversité des cas et la violence des propos, il est un premier point qu'il convient de remarquer, un point paradoxal et le plus souvent passé inaperçu : toutes ces accusations contre l'écologie punitive sont prononcées au nom de l'écologie. Ce ne sont pas des attaques contre la protection de l'environnement en général. Au contraire, les critiques prétendent se placer du point de vue d'une (autre) protection de la planète.

C'est bien entendu le cas de Ségolène Royal. Mais c'est aussi le cas de Nicolas Sarkozy, qui souhaite « sortir définitivement notre pays de l'écologie punitive mise en œuvre par la gauche et ainsi donner un signal fort de confiance à tous les acteurs de l'environnement ». C'est même le cas de Frédéric Nihous : « L'écologie que je porte est une écologie humaine, réaliste et raisonnable, qui replace l'homme au cœur de son environnement et des préoccupations publiques dans une approche d'équilibre entre les dimensions environnementales, économiques, sociales et culturelles. »

Bien entendu, on peut douter de la sincérité des démonstrations d'attachement à la protection de notre planète quand elles émanent de l'association 40 Millions d'automobilistes ou de la FNSEA, chantre de l'agriculture productiviste, par exemple. Mais la posture signe, paradoxalement, le succès de l'écologie : même ses opposants politiques reconnaissent la pertinence de son questionnement.

Un deuxième point important concerne l'utilisation politique du terme d'écologie punitive. Là encore, la situation est plus étonnante qu'il n'y paraît à première vue. Le terme est souvent brandi par la droite ou le centre pour critiquer l'écologie politique telle qu'elle a été menée, très à gauche, par les Verts et par

EELV ensuite. C'est ainsi que Chantal Jouanno déclare : « Nous ne sommes pas pour une écologie punitive, de régression, anti-croissance, pensée dans les années 1970 par l'extrême gauche. » « Penser qu'aujourd'hui l'écologie se résumerait aux Verts qui ont préempté Europe Écologie, c'est entièrement faux. »

Mais la critique est reprise à gauche, par exemple par Amar Bellal, membre du Conseil national du PCF, qui écrit : « On s'oriente clairement vers une écologie punitive, notamment avec des lois visant à instaurer une tarification progressive de l'eau et de l'énergie. Ainsi, plus on consomme, plus on doit payer cher [...]. Pour la majorité des consommateurs, de telles mesures entraînent une hausse des factures sans que leur consommation ait pour autant changé. Pourquoi ? Parce que ce sont des consommateurs captifs qui, loin de gaspiller, n'ont pas d'autre choix que de consommer pour accéder simplement aux besoins élémentaires tels que l'hygiène, le chauffage, la mobilité. Quant aux rentiers de Neuilly, point de punition pour eux ! Que leur facture d'électricité double ou triple, ils ne le remarqueront pas [...] ils ricanent de nos débats dans leurs piscines chauffées. »

Même l'attitude de Ségolène Royal peut être interprétée politiquement, comme le fait

Arnaud Gossement, avocat spécialisé en écologie. « En réalité, l'écotaxe ne suscite pas un clivage classique droite contre gauche mais entre plusieurs conceptions de l'écologie, dans un contexte marqué par le souhait nouveau du parti socialiste de ne plus déléguer la question environnementale aux Verts. [...] La tâche de Ségolène Royal [...] est bien de démontrer que le parti socialiste peut gérer la transition écologique et énergétique sans les Verts. »

Derrière l'accusation d'écologie punitive, on discerne ainsi une rivalité qui traverse l'ensemble des partis politiques, et qui a pour enjeu de récupérer la thématique écologiste à des Verts en perte de vitesse. Là encore, cette critique révèle un succès paradoxal : l'ensemble des partis politiques, du Front national à l'extrême gauche, s'intéressent désormais à la question écologique. L'accusation d'écologie punitive marque ainsi l'émergence d'offres politiques concurrentes. Des voix différentes viennent se disputer les restes du monopole en pleine dislocation d'EELV.

Cette diversification de l'offre politique en matière d'écologie n'a rien de surprenant. Elle signe plutôt le retour à une situation antérieure à celle des Verts. L'histoire politique française compte en effet une multiplicité de personnalités ou d'organisations écologistes qui ont défendu des visions différentes de celle de l'organisation longtemps dirigée par Dominique Voynet. C'est notamment le cas de celles et ceux qui ont refusé de se lier au parti socialiste ou à la gauche. Ils se nomment Antoine Waechter, Brice Lalonde, Jean-Louis Borloo et Corinne Lepage pour n'en citer que quelques-uns. L'écologie est riche de cette diversité qu'il faut encourager et non réduire comme cela a souvent été le cas depuis vingt-cinq ans.

Une fois écartés la mauvaise foi et les calculs politiques, que reste-t-il de la critique d'écologie punitive ? Le mot connote deux idées importantes : intérêt et justice. Comme nous le verrons, la punition s'instaure au détriment d'une personne ou d'un groupe ; elle se dresse contre ses intérêts immédiats. L'adjectivation de la punition, le mot punitif, connote une sanction injuste ou abusive.

Chapitre 2

Une autre écologie

Comment renouveler le discours écologique face à la critique punitive ? Tout d'abord en modifiant ses objets. J'en prendrai trois exemples : la santé, l'alimentation et l'emploi. Peut-on imaginer sujets plus importants dans le débat politique contemporain ?

Le premier, avec la pollution de l'air qui tue chaque année 48 000 personnes en France. Le deuxième, avec l'alimentation, c'est-à-dire la protection de la qualité des produits agricoles, de ceux qui les produisent (les agriculteurs) et de ceux qui les consomment (nous tous). Et le troisième, en discutant de la question du nucléaire d'un point de vue industriel, au travers de la situation économique d'Areva et d'EDF, de ses employés, de ses utilisateurs et de ses actionnaires (l'État, donc, indirectement, nous).

En revanche, je n'aborderai que marginalement la question du réchauffement climatique. Non pas que le sujet soit secondaire mais parce qu'il constitue presque un contre-exemple. En effet, le changement climatique n'impacte qu'indirectement la vie de la plupart des citoyens de notre pays ; la majeure partie de la responsabilité nous échappe (la France produit moins de 1 % des émissions mondiales de CO_2) ; l'espoir d'une solution réelle à court terme est illusoire (les experts savent déjà que l'objectif qu'ils se sont fixé, contenir l'augmentation de la température en dessous de 2 °C par rapport au début de l'ère industrielle, est inatteignable). Quant aux mécanismes de résolution, basés sur de grands accords internationaux dont celui signé à Paris en décembre 2015, ils n'aboutissent malheureusement qu'à des textes relativement creux : les rivalités internationales ont réduit à peau de chagrin l'espoir que ces accords puissent apporter une véritable solution[1].

Maria Neira, directrice du département Santé publique et environnement de l'Organisation mondiale de la santé, le reconnaissait avec une franchise salutaire : « Je crois que l'on s'est trompé dans notre communication en insistant surtout sur le climat et en négligeant les ravages sanitaires causés par la pollution. On a donné l'impression aux citoyens que le changement climatique était quelque chose de lointain, qui va arriver à la planète, toucher les glaciers mais pas eux, et qui va concerner les générations futures mais pas la nôtre[2]. »

À l'inverse, la plupart des autres problématiques écologistes sont largement locales ; leur impact est concret et immédiat ; les solutions correspondent à des bénéfices évidents et sont atteignables dans des délais raisonnables, elles sont du ressort de collectivités locales et donc à portée d'un dialogue citoyen. Bref, elles sont radicalement différentes.

L'« écologie punitive » est le leitmotiv de tous les avocats de l'automobile. C'est le mot qui revient dès qu'une mesure empiète sur la « liberté de se déplacer en voiture ». La Fédération française des motards en colère dénonçait ainsi récemment, à propos de la mise en place de zones de circulation restreinte (ZCR), « une répression à outrance mais surtout la privation d'une de nos libertés fondamentales, le droit de circuler librement avec des véhicules parfaitement homologués et assurés, le tout sous couvert d'une pseudo-écologie[3] ».

L'expression vise tour à tour la circulation alternée ou différenciée et la vignette

Crit'Air, les mesures antidiesel, la piétonnisation des berges de Seine ou l'extension des pistes cyclables. Elle se double généralement d'attaques personnelles outrageantes contre Anne Hidalgo, maire de la capitale, qui a fait des questions de pollution de l'air un enjeu majeur de son mandat.

L'accusation dépasse parfois les limites de l'acceptable : lors d'un débat organisé au Conseil économique, social et environnemental, un représentant des lobbys automobiles a ainsi osé comparer la vignette Crit'Air à l'étoile jaune…

Les contempteurs de l'écologie punitive aiment à se présenter en victimes. Mais si on veut savoir qui sont les véritables victimes, alors il faut rendre justice à ces dizaines de milliers de personnes pour qui chaque année la punition est définitive : la pollution de l'air tue 48 000 personnes par an en France. Pour des millions d'autres, elle se traduit par des maladies ou des troubles parfois invalidants.

Il ne s'agit pas d'opposer la défense abstraite d'un principe (l'environnement, par exemple) à une réalité sociale (pour celles et ceux obligés de prendre leur voiture tous les jours). Mais de défendre au mieux les citoyens, c'est-à-dire de faire des arbitrages entre sauver des vies et éviter des maladies d'un côté et perdre du temps dans les embouteillages, avec le coût social et économique que cela peut avoir.

Défendre la santé des concitoyens ne signifie pas nécessairement se placer contre les automobilistes. Eux aussi sont victimes de la situation. Ce n'est pas non plus opposer les automobilistes aux citoyens parce que la quasi-totalité des Français sont également, au moins occasionnellement, des utilisateurs des voitures. Les pollueurs sont aussi les pollués.

En fait, l'enjeu de l'écologie moderne est de sortir du discours moralisateur (la voiture c'est mal, les automobilistes sont méchants) pour trouver le moyen de s'adresser aux automobilistes : des êtres rationnels, qui prennent des décisions en fonction des contraintes qui sont les leurs (par exemple, un endettement pour payer une voiture diesel, la nécessité de faire 20 kilomètres pour aller au travail sans accès simple aux transports en communs, etc.). Il ne suffira pas de les culpabiliser. Il faut dénouer le jeu des nécessités qui les lient.

Reste la question du comment : quelles sont les mesures équitables et efficaces, comment les mettre en place ?

Mais prenons le temps de revenir sur cette crise sanitaire majeure. Chaque année, 48 000 personnes meurent de la pollution de l'air en France. Les chiffres sont accablants et les experts sont unanimes. La dernière étude en date, publiée en octobre 2017 par l'Agence européenne de l'environnement, indique qu'environ 500 000 personnes sont tuées chaque année par la pollution de l'air[4]. En France, les données sont publiées par la très officielle Santé Publique France et concordent avec les études internationales[5]. Ces chiffres font de la pollution de l'air la troisième cause de mortalité en France, après le tabac (80 000 morts) et l'alcool (49 000). À l'échelle planétaire, selon l'Organisation mondiale de la santé (OMS), la pollution de l'air tue 7 millions de personnes dans le monde chaque année.

Comment expliquer un bilan aussi lourd ? La plupart des gens s'imaginent que la pollution de l'air exerce son action uniquement au niveau respiratoire : il est vrai qu'elle provoque des irritations du nez ou de la gorge et entraîne des crises d'asthme chez ceux qui y sont prédisposés, pour ne citer que ces exemples. Mais ce n'est là que le début du problème, la partie émergée d'un iceberg funeste. Car les molécules polluantes, quand elles parviennent dans les poumons, passent dans le sang. Dès lors, elles peuvent atteindre l'ensemble des organes – jusqu'au cerveau où elles pourraient causer maladie d'Alzheimer et autres démences. Elles peuvent causer divers types de cancer. Les gaz d'échappement des moteurs diesel ont ainsi été classés comme « cancérogènes certains » par l'OMS. Mais le problème principal est encore ailleurs et concerne la circulation sanguine : les molécules polluantes endommagent progressivement veines et artères. D'après l'OMS, la pollution de l'air est ainsi responsable d'un tiers de la mortalité liée aux infarctus et aux accidents cérébro-vasculaires dans le monde ! C'est cette action à long terme qui explique le bilan particulièrement lourd de la pollution.

Face à cette crise sanitaire majeure, on pourrait atteindre une réponse à la hauteur des enjeux. Il y a vingt ans, Corinne Lepage, alors ministre d'Alain Juppé, a mis en place la loi sur l'air qui a posé les bases de l'action actuelle. Mais depuis ? Les progrès sont lents, beaucoup trop lents.

Pour donner un élément de comparaison, l'État a pris à bras-le-corps le problème de la lutte contre le tabac, de l'alcoolisme ou de la sécurité routière, et a mené des campagnes nationales d'importance sur ces sujets. Les accidents de la route tuaient ainsi plus de 15 000 personnes par an dans les années 1970. Grace à l'action des gouvernements successifs, cette mortalité a été divisée par cinq. C'est la preuve que l'État sait agir et être efficace ! Mais si un Observatoire national de la sécurité routière a été créé, si un comité interministériel a été mis en place, si des campagnes nationales de sensibilisation sont menées régulièrement, si les auto-écoles forment les jeunes conducteurs, il n'existe rien de tel pour la pollution de l'air. Et cette différence donne la mesure de l'inaction actuelle.

La faiblesse de l'action publique a récemment été sanctionnée par le Conseil d'État, qui en juillet 2017, dans une décision importante, a même enjoint au « Premier ministre et au ministre chargé de l'environnement de prendre toutes les mesures nécessaires pour que soient élaborés et mis en œuvre […] des plans relatifs à la qualité de l'air permettant de ramener, dans ces zones, les concentrations de dioxyde d'azote et de particules fines PM10 en dessous des valeurs limites dans le délai le court possible[6] ».

Quant aux ministres de la Santé qui se sont succédé ces dernières années (quelle que soit leur couleur politique), ils et elles se sont contentés d'un service minimum, comme rappeler quelques mesures élémentaires de précaution pendant les pics de pollution. C'est comme si le ministère de la Santé laissait l'alcoolisme et la tabagie au ministre de l'Agriculture sous prétexte que finalement, il ne s'agissait là que d'un problème de vignes, de houblon ou de plants de tabac.

Plus largement, la pollution de l'air est emblématique d'une transformation majeure de l'écologie : l'émergence de ce qu'on appelle les problématiques de santé environnementale. Elles portent, comme leur nom l'indique, sur les impacts sanitaires de l'environnement au sens large. Il s'agit des conséquences des éléments toxiques présents dans les aliments que nous mangeons, dans l'air que nous respirons ou dans l'eau que nous buvons. Que ce soit les fumées des moteurs diesel, les pesticides, les rayonnements variés, les nanoparticules, pour ne citer que ces exemples.

La pollution devient une question de vie ou de mort pour des êtres humains. Les parents des enfants asthmatiques qui passent leurs nuits dans les services d'urgence au chevet de leurs petits, pendant les pics de pollution, le savent. Celles et ceux qui ont mal à la tête, ou aux yeux, qui se calfeutrent dans leur appartement, les proches de gens victimes d'un arrêt cardiaque en plein pic le savent. La pollution est un danger quotidien, tangible.

Le béton et le bitume détruisent, certes, des écosystèmes précieux. Mais il ne s'agit pas de sauver telle ou telle espèce en danger. Il s'agit de protéger des vies humaines. L'écologie n'est plus un but, c'est un moyen. Un moyen pour sauver des vies.

Autre enjeu majeur : l'alimentation. Vache folle, lasagnes de cheval, œufs contaminés au fipronil, lait contaminé, les crises se succèdent et se ressemblent : l'industrialisation de la filière agroalimentaire et sa mondialisation ont ouvert la voie à des pratiques frauduleuses et parfois dangereuses et ont affaibli les garde-fous fragiles face aux enjeux économiques.

Les problèmes sont largement connus et ils sont anciens. Il y a près de cinquante déjà, une biologiste américaine, Rachel Carson, dénonçait les dangers des pesticides – à l'époque, principalement le DDT, l'un des premiers insecticides modernes –, dont on vantait les effets positifs pour améliorer la production agricole. La jeune femme écrivit un livre au titre tristement poétique : *Printemps silencieux*, dans lequel il n'y a plus d'oiseaux pour chanter, car les pesticides ont tué ou empoisonné tous les insectes dont ils se nourrissaient. Aujourd'hui, les associations dénoncent la présence des perturbateurs endocriniens ou l'utilisation de glyphosate.

Le problème des pesticides ne concerne plus seulement les oiseaux ou les fleurs, mais notre espèce. Le DDT contre lequel s'est battue Rachel Carson a été interdit en France en 1971. Mais quarante ans plus tard, on en retrouve encore la trace dans le sang ou les cheveux des citoyens. Il est soupçonné par les institutions sanitaires internationales d'être responsable de cancers du sein, de cas de maladie d'Alzheimer[7]... Car les impacts des pesticides sont variés. Ils incluent une variété de cancers et de maladies mentales, mais aussi la baisse de la fertilité, l'obésité et d'autres troubles encore. Et ce sont les agriculteurs eux-mêmes qui sont les plus menacés : ils sont exposés aux molécules toxiques en quantités plus importantes et de manière plus fréquente.

Là encore, l'agriculture est prétexte à de nombreuses accusations d'écologie punitive. Les exemples sont nombreux, de Xavier

Beulin, feu le président de la FNSEA, à Bruno Le Maire, du temps où il était ministre de l'Agriculture. « Je ne veux pas [...] d'écologie punitive, je ne veux pas non plus d'une écologie dogmatique, et pas non plus d'écologie radicale qui menace les capacités de production agricole de notre pays[8] », déclarait-il à l'époque.

Mais l'écologie ne se dresse pas davantage contre les agriculteurs que contre les automobilistes. Elle cherche au contraire à les protéger. L'écologie veut au contraire s'allier à ceux qui travaillent pour nous donner à manger pour protéger leur santé et par la même occasion la nôtre. Il s'agit également de leur permettre de gagner décemment leur vie tout en déployant de meilleures pratiques.

La situation réelle des paysans français est complexe. Certains profitent de la situation tandis que d'autres en pâtissent, coincés entre la grande distribution et un cercle vicieux de dettes ou de contraintes. De même que les automobilistes sont victimes de la pollution qu'ils génèrent, les paysans sont victimes du modèle agricole qu'ils contribuent, pour certains, à perpétuer. Et comme pour l'automobile, le débat est monopolisé par des acteurs qui défendent un statu quo nocif. Dans l'agriculture, les lobbys détournent le débat à leur avantage : la Confédération paysanne est marginalisée par la FNSEA… et les paysans qui veulent faire de l'agriculture différemment (en bio par exemple) ont souvent du mal à faire entendre leur voix.

Dans ce difficile débat, les normes européennes sont souvent accusées d'écraser les producteurs sous les lourdeurs bureaucratiques. Le cas des concombres a été mis en exergue à de nombreuses reprises : une directive européenne avait en effet fixé leur courbure réglementaire, comme elle fixait la forme des carottes et tout un ensemble de paramètres absurdes destinés à définir les produits dits de première catégorie. Cette directive fut moquée à juste titre et finalement supprimée en 2009[9].

Mais cette directive, comme bien d'autres, n'est pas le résultat de prétendus excès des défenseurs de l'environnement. Ce sont en fait des réglementations commerciales destinées à standardiser le monde agroalimentaire et donc à protéger les intérêts des producteurs qui ont suffisamment de pouvoir pour faire entendre leurs intérêts à Bruxelles. Elles ne sont pas l'œuvre d'écologistes mais de lobbys industriels. Et la presse rappelle régulièrement le poids et la perversité de ces lobbys[10].

C'est le paradoxe : les normes sont présentées comme des outils des écologistes contre les citoyens alors qu'elles sont souvent construites par les corporations et pour leurs intérêts. Les premières victimes de ces lois sont les petits producteurs, et les bénéficiaires en sont les industriels de l'agroalimentaire.

À l'inverse, lorsqu'il est question de mettre en place un étiquetage sanitaire sur les aliments, l'ensemble de l'industrie agroalimentaire se cabre, au prétexte qu'un tel projet pourrait stigmatiser certains produits ! C'est précisément ce dont il s'agit : expliquer aux gens qu'ils s'empoisonnent en mangeant mal[11].

Il faut donc inverser le discours : supprimer les réglementations qui concernent le commerce et constituent des obstacles au quotidien des agriculteurs, mais renforcer celles qui défendent les citoyens et les agriculteurs. Par exemple en instaurant une forme de protectionnisme social et environnemental qui permettra aux citoyens de mieux manger, aux paysans de mieux produire et de mieux vivre. Et qui enverra un signal clair aux producteurs des autres pays pour qu'ils améliorent leur production.

Si de nombreux scandales ont défrayé la chronique ces dernières années et pourraient alimenter cette discussion, un exemple révélateur peut être trouvé dans le cas du miel. Celui-ci est à la fois un aliment exceptionnellement sain (bien plus que les pâtes à tartiner que l'industrie agroalimentaire propose aux enfants) et le produit d'êtres vivants particulièrement vulnérables : les abeilles sont en quelque sorte des sentinelles de la pollution. Or, la filière apicole est en crise du fait d'une mortalité accrue des insectes[12]. Celle-ci est causée, en partie, par les insecticides de la famille des néonicotinoïdes – qui devraient finalement être interdits en France en 2018[13].

En attendant cette interdiction et un redressement de la filière, la situation est sombre : « En quinze ans, la production de miel en France a été divisée par deux, notamment à cause des pesticides, tandis que les importations, elles, ont été multipliées par trois », souligne Henri Clément, porte-parole de l'Union nationale de l'apiculture française. Or, « la quasi-totalité du miel vendu en grande surface provient de Chine et contient des quantités indéterminées de sucres ajoutés, c'est-à-dire qu'il est frelaté : c'est un miel coupé au sucre ! », explique quant à lui Paul Schweitzer, du Centre d'études techniques apicoles de Moselle[14].

Protéger le miel et les apiculteurs français, c'est à la fois interdire les pesticides qui déciment les colonies d'abeilles et mettre en place une réglementation qui permette de lutter contre les fraudes chinoises. Cela n'a rien d'un acharnement réglementaire ou d'une mesure punitive.

Si les sucres ajoutés dans le miel ne semblent pas avoir d'impact sur la santé des consommateurs, les problèmes sanitaires liés à notre alimentation et à notre environnement en général ont désormais acquis une importance critique.

Ainsi, il y a cinquante ans encore, la majorité des décès dans le monde était causée par des maladies infectieuses transmises par des virus ou des bactéries : tuberculose, pneumonie, variole... Mais depuis, la situation s'est inversée. Les maladies non transmissibles et non liées à des organismes pathogènes sont désormais majoritaires (maladies cardio-vasculaires, cancers, affections respiratoires ou diabète, etc.). Or, elles sont imputables à l'environnement au sens large : les pesticides et autres produits chimiques, mais aussi à notre cadre de vie : stress, absence d'activité physique, etc. Elles tuent à petit feu, d'où leur nom de maladies chroniques.

Margaret Chan, ancienne directrice générale de l'Organisation mondiale de la santé, déclarait ainsi : « L'augmentation des maladies chroniques non transmissibles représente un énorme défi. Pour certains pays, il n'est pas exagéré de décrire la situation comme une catastrophe imminente pour la santé, pour la société et surtout pour les économies nationales. »

Cette augmentation est survenue plus ou moins tôt selon les pays ; elle se poursuit à un rythme rapide. En France, entre 1990 et 2008, l'incidence des maladies cardio-vasculaires a augmenté de 87 % et celle des cancers a augmenté de 85 %. Celle du diabète a progressé de 53 % entre 2000 et 2008. C'est quatre fois ou cinq plus que la seule progression démographique sur la période (+ 11 %)[15].

Les experts (dont André Cicolella, à qui j'emprunte la plupart des chiffres de ce paragraphe) annoncent ainsi une « transition épidémiologique » : une transformation de l'ampleur de la « transition démographique[1] »

1. La transition démographique désigne le passage d'un régime traditionnel où la fécondité et la mortalité

qui a bouleversé la planète tout entière. Ils envisagent que l'espérance de vie commence à diminuer à cause de ces facteurs environnementaux. Et cela alors qu'elle a connu une croissance ininterrompue depuis plusieurs décennies : on a gagné environ un trimestre par an !

Et patatras ! Voilà qu'en 2015, l'espérance de vie baisse en France pour la première fois depuis quarante ans. Les causes en sont multiples et en partie conjoncturelles – depuis, la progression a repris sa course mais c'est aux États-Unis que l'espérance de vie baisse, pendant deux années consécutives. Difficile de ne pas y voir un signal, un avertissement ou un augure funeste, un écho aux avertissements des écologistes[16].

La santé environnementale porte en elle un bouleversement plus large encore : celui de la médecine préventive, qui consiste à anticiper les causes plutôt qu'à traiter les conséquences. Et le parallèle historique est tout tracé avec la révolution médicale du XIXe siècle : celle de l'hygiène. À une époque

sont élevées et s'équilibrent à peu près, à un régime où la natalité et la mortalité sont faibles et s'équilibrent également. www.incd.fr/fr/lexique/transition-demographique

où les problèmes venaient d'agents infectieux, l'enjeu était de prévenir leur multiplication. À présent que les dangers sont environnementaux, sauver les gens nécessite d'intervenir sur leur cadre de vie : c'est le but de la médecine préventive. Ou de la médecine environnementale.

Le débat sur les questions énergétiques et technologiques s'organise sur le même schéma biaisé que celui sur la pollution de l'air et de l'agriculture. Avec des accusations multiples à l'encontre des écologistes qui se dresseraient à la fois contre le progrès technologique et l'intérêt des citoyens ou des industriels en voulant imposer des mesures qui renchériront l'électricité.

Encore une fois, en opposant une protection abstraite de la planète à des enjeux technologiques concrets, on se retrouve face à des contradictions majeures. À l'inverse, en cherchant à défendre des intérêts concrets des habitants de notre planète, fussent-ils les ouvriers du secteur du nucléaire ou les contribuables qui financent les déficits de l'entreprise publique qu'est Areva, on peut reformuler les problèmes et ouvrir de nouvelles pistes de réflexion. Il s'agit de défendre la capacité de chacun à disposer d'énergie et d'un travail tout en garantissant la possibilité de vivre dans un environnement sain.

Les termes du débat ont été rabattus tant et tant de fois qu'il semblerait que plus personne ne soit encore disposé à l'écouter. Mais les arguments économiques témoignent d'une transformation rapide et profonde et permettent de renouveler la discussion.

Il faut en effet réaliser qu'un accident majeur a secoué la filière nucléaire française – même s'il n'a heureusement généré aucune radiation toxique : Areva, champion national du nucléaire, a disparu économiquement. Sans même une explosion ou un effondrement spectaculaire. Sans un bruit, le géant aux pieds d'argile s'est volatilisé.

L'histoire récente du groupe est ponctuée d'une longue suite d'échecs et d'erreurs. Chacun a en tête les délais pathétiques du chantier d'OIkiluoto, l'EPR finlandais – avec neuf années de retard et un surcoût de 6 milliards d'euros – et de celui de Flamanville, l'EPR français, avec ses nombreuses malfaçons, connues de l'entreprise… On se rappelle aussi l'affaire Uramin : une escroquerie sur des mines d'uranium qui a coûté près de 3 milliards.

Mais la liste ne s'arrête pas là. Ainsi, on connaît moins les déboires de l'usine de Savanah, destinée à recycler le plutonium militaire aux États-Unis : selon une enquête du magazine *Capital*, cette usine qui devait coûter 1,4 milliard de dollars et être opérationnelle en 2005 pourrait finalement coûter 17 milliards de dollars pour une mise en route en 2048[17] !

Bien évidemment, les conséquences sont fâcheuses : en 2015, Areva (détenue à 95 % par l'État français) est au bord du dépôt de bilan. L'État lance alors un plan de sauvetage, et démantèle le groupe. Trois entités sont créées : les activités les plus rentables, autour de l'extraction et du cycle des combustibles, sont regroupées dans New Areva, EDF (contrôlé à 85 % par l'État français) récupère l'activité « réacteurs » dans ce qui devient Areva NP, tandis que les actifs les plus vermoulus sont rassemblés dans une structure baptisée Areva SA, qui inclut le chantier ruineux des réacteurs finlandais, la gestion des anomalies sur les pièces du Creusot et une partie de la dette… Et Areva SA est repris à 100 % par l'État qui annonce qu'il va injecter 4,5 milliards d'euros pour recapitaliser l'entreprise[18]. Symbole de cette disparition, le nom même du groupe est effacé : Areva NP devient Framatome, tandis que New Areva est baptisé Orano[19]...

Le fleuron de l'industrie française disparaît sur la pointe des pieds. Et l'État paie l'addition ! Quelle que soit l'idée que l'on peut se faire de l'énergie nucléaire, c'est scandaleusement peu rentable.

En matière nucléaire, il faut donc en conclure que l'État est un très mauvais gestionnaire. Pourquoi ? De nombreuses raisons peuvent être avancées. Mais la première est celle-ci : le secret et le manque de transparence laissent libre cours aux imbroglios ou aux barbouzeries et sapent les contre-pouvoirs qui existent habituellement dans des entreprises de cette taille.

La situation est aggravée par une donnée tellement française : le pouvoir du corps des mines. Cette élite autoproclamée contrôle la hiérarchie du groupe comme les ministères et les différentes institutions chargées de superviser la filière. Dans ces conditions, comment espérer une gouvernance saine ?

Mais cette connivence dépasse le seul cas d'Areva, elle concerne également EDF. L'énergéticien public est le premier opérateur de centrales nucléaires dans le pays. Avec le rachat de la partie réacteurs d'Areva, il devient constructeur. Son implication dans le nucléaire s'est matérialisée récemment avec – encore – une autre affaire : celle de la centrale de Hinckley Point, en Angleterre. La construction de deux EPR a donné lieu à des échanges surréalistes : le directeur financier a démissionné pour protester contre ce projet qui met, selon lui, l'entreprise en danger ; la Cour des comptes a exprimé ses doutes et les représentants du personnel au conseil d'administration ont voté contre. Du jamais vu. Malgré cela, la direction d'EDF a persévéré[20].

Dès l'été 2017, EDF annonçait pourtant les premiers retards et les premiers surcoûts : 1,7 milliard d'euros et quinze mois de retard sur le premier réacteur et neuf mois pour le second, des décalages susceptibles de générer un surcoût complémentaire de presque 1 milliard[21]...

Les retards prévisibles dans la construction de la centrale pourraient entamer fortement sa rentabilité, tandis que l'investissement assèche complètement les comptes du groupe et le rend vulnérable à la moindre défaillance. Dès 2016, des experts, comme Éric Bonnel, du groupe de conseil Square, mettaient en garde : « Si le chantier prend deux ou trois ans de retard, la rentabilité sera tuée[22]. » Que se passera-t-il si Hinckley Point est un échec ?

Areva risque-t-il d'entraîner EDF dans sa chute ? Les conséquences seraient catastrophiques, car, pour ne donner que ce chiffre, l'entreprise emploie 130 000 personnes en France ! Si une catastrophe advenait, l'État mettrait encore une fois la main à la poche. Mais comme à chaque fois, c'est dans notre poche qu'il se servirait. Alors combien de milliards l'aventure nucléaire coûtera-t-elle encore ? « Le nucléaire est en train de ruiner la France », écrivait récemment Corinne Lepage[23].

Changer la gouvernance de l'énergie en France n'est pas la marque d'un tropisme antinucléaire primaire. C'est chercher à éviter des échecs industriels qui coûtent cher, et défendre ainsi des emplois et le bien-être des consommateurs.

Et c'est renouveler le débat actuel sur les énergies qui est encore trop largement idéologique. Il faut le placer sur le terrain économique. Car le coût de l'énergie nucléaire n'a cessé d'augmenter tandis que celui des énergies renouvelables diminue rapidement.

Encore une fois, le cas de Hinkley Point est révélateur. Au Royaume-Uni, où le projet de Hinkley Point est loin de faire l'unanimité, les opposants LibDem (libéraux-démocrates) et Verts ont signalé que les deux derniers champs d'éoliennes en mer, Hornsea 2 sur la côte du Yorkshire et Moray au large de l'Écosse, proposent un prix garanti de l'électricité de 57,50 livres (environ 64 euros) par mégawattheure, presque moitié moins cher que celle de Hinkley Point à 92,50 livres (environ 103 euros)[24] !

Ainsi, ce ne sont pas les écologistes qui menacent le secteur nucléaire, mais la baisse vertigineuse du coût des énergies renouvelables, et la concurrence d'industriels qui ont mieux compris les enjeux technologiques et sociaux. De la même manière, ce ne sont pas les écologistes qui menacent les constructeurs automobiles qui continuent à parier sur le diesel mais les progrès considérables des voitures électriques et l'émergence de nouveaux types de véhicules.

Les deux cas sont similaires : deux industries technologiques dans lesquelles la France excellait au XXe siècle connaissent une crise profonde faute d'avoir perçu l'importance d'une révolution technologique et environnementale.

Trop souvent, les solutions d'hier sont les problèmes d'aujourd'hui... Mais une écologie nouvelle qui se propose de protéger la santé des citoyens, d'assurer les revenus des agriculteurs, de moderniser notre système de santé ou de préserver les emplois dans l'industrie énergétique permet d'imaginer des scénarios de sortie de crise. Le fil qui relie ces différents exemples, c'est une écologie qui s'affirme comme un moyen plutôt que comme un but. C'est une écologie qui recherche des solutions pratiques plutôt qu'elle ne proclame des diktats moralisateurs.

Deuxième partie

L'écologie comme moyen

Chapitre 3

L'intérêt individuel

L'un des aspects les plus étonnants de l'écologie punitive tient à ce qu'elle a été réfutée de manière radicale il y a près de cinquante ans par un écologiste américain, Garrett Hardin. Celui-ci a écrit un texte fondamental, intitulé « La tragédie des biens communs » (« The Tragedy of the Commons ») . Quoique largement discuté par les experts et considéré comme un texte de référence dans le monde anglo-saxon, il reste méconnu du grand public en France. Surtout, il est en général mal compris. Pourtant, il a donné lieu à une multiplicité de travaux, créant presque un champ entier de recherches. Il a inspiré des générations de scientifiques qui ont fait évoluer considérablement les idées de départ – voire en ont réfuté certaines – comme ce fut le cas d'Elinor Ostrom, qui a reçu le prix Nobel d'économie en 2009.

Dans l'un de ses ouvrages, au titre évocateur de *The Limits of Altruism*, Garrett Hardin soutient que les politiques publiques devraient être fondées sur « une adhésion indéfectible » à cette règle : « Ne jamais demander à une personne d'aller à l'encontre de son intérêt personnel. » La pensée de Hardin est plus complexe qu'il n'y paraît. Mais elle se place, sans aucun doute possible, au cœur du débat sur l'écologie punitive…

Une précision liminaire s'impose : en dépit de l'influence immense de son texte, Garrett Hardin souffre d'une réputation sulfureuse. Esprit original et provocateur, biologiste passionné de bioéthique, il acquit une première notoriété en défendant le droit à l'avortement en 1963, à une époque où celui-ci était interdit aux États-Unis. Préoccupé par les questions de population, il prit ensuite position en faveur du néomalthusianisme, très en vogue dans son pays à l'époque. Ce courant intellectuel, aujourd'hui positionné à droite, postule que la surpopulation est un facteur majeur de la crise écologique actuelle. Pire encore, Garrett Hardin en vint plus tard à condamner l'immigration ainsi que la discrimination positive[1].

Tout cela n'enlève rien à l'importance de « La tragédie des biens communs », texte publié en 1968 dans le magazine *Science* – une référence pour tous les chercheurs. L'article est relativement court (une dizaine de pages) ; il est écrit dans une langue « commune » sans jargon scientifique et il est donc facilement compréhensible. Aujourd'hui, il est disponible gratuitement sur Internet, dans sa version originale comme en traduction française[2].

« La tragédie des biens communs » prend comme point de départ une parabole qui s'inscrit profondément dans l'histoire de l'Angleterre avec le mouvement des enclosures, c'est-à-dire l'expropriation violente des paysans et leur expulsion vers les villes où ils seront forcés d'accepter la condition de prolétaires.

Pour reprendre les mots de Hardin : « La tragédie des communaux se présente ainsi. Imaginez un pâturage ouvert à tous. [...] En tant qu'être rationnel, chaque éleveur cherche à maximiser son gain. Explicitement ou implicitement, plus ou moins consciemment [...] l'éleveur rationnel conclut que la seule voie sensée qu'il peut suivre est d'ajouter une autre bête à son troupeau. Et une autre, et une autre... Mais ceci est la conclusion atteinte par chaque berger rationnel partageant un terrain commun. C'est là que se trouve la tragédie. »

Car le champ est limité. Un jour il n'y aura plus assez d'herbe pour les vaches ou les moutons, et les bêtes mourront de faim.

« Chaque homme est enfermé dans un système qui le contraint à augmenter son troupeau sans limite – dans un monde qui est limité. » « La ruine est la destination vers laquelle tous les hommes se ruent, chacun à la poursuite de son meilleur intérêt dans une société qui croit en la liberté des biens communs. La liberté dans les biens communs apporte la ruine à tous. »

La métaphore du champ s'applique à de nombreuses autres situations – pêche, pollution, etc. –, comme le fait remarquer Hardin lui-même. L'exemple contemporain le plus classique en est l'effondrement de la pêche à la morue, en Atlantique Nord, à la fin du XXe siècle.

Pendant deux siècles, la pêche à la morue avait fait vivre la côte est du Canada autour de Terre-Neuve. Mais à partir des années 1950, la pêche s'est industrialisée. Les navires artisanaux ont cédé la place à des navires-usines de plus en plus puissants, qui tiraient des filets de plus en plus grands. En une vingtaine d'années, les prises ont été multipliées par trois. C'est alors que la population de poisson a commencé à décliner. Les scientifiques recommandèrent de réduire les prises, mais le gouvernement canadien ne baissa que légèrement les quotas autorisés. En 1990, 97 % des morues de l'Atlantique avaient disparu des côtes canadiennes, et dans certaines zones, l'espèce était complètement éteinte. Le 2 juillet 1992, le ministre canadien des Pêches et des Océans annonça l'arrêt de la pêche à la morue au large de Terre-Neuve et du Labrador. Environ 40 000 personnes perdirent leur emploi du jour au lendemain. La colère succéda à la stupéfaction, des émeutes éclatèrent. Mais rien n'y fit : il n'y avait plus de poissons à pêcher. Aujourd'hui encore, plus de vingt ans après et malgré l'arrêt total de la pêche, les stocks de poissons sont toujours extrêmement bas : ils n'atteignent pas 10 % de leur niveau antérieur.

Si le texte de Garrett Hardin est aussi important, pourquoi est-il si mal compris ? L'aspect réducteur de sa métaphore lui est souvent reproché. Comme l'ont fait remarquer de nombreux experts, au premier rang desquels Elinor Ostrom, qui a, rappelons-le, reçu le prix Nobel d'économie en 2009 pour des travaux sur ce sujet, il existe toujours des codes sociaux qui régulent, plus ou moins, les comportements. Même l'éleveur imaginé par Hardin ne fonctionne pas de manière isolée : il vit en société et il est pris dans des relations anthropologiques avec ses voisins.

Une deuxième objection tient à la défense des communs. La chercheuse américaine montre ainsi qu'il existe des exemples de biens communs qui se mettent en place et qui perdurent grâce à des modes de régulation plus ou moins consensuels[3]. Toutefois, et sans rentrer davantage dans le détail, ces conditions ne sont malheureusement pas applicables à grande échelle, lorsque les utilisateurs de la ressource n'entretiennent plus de relations personnelles entre eux. C'est-à-dire dans la plupart des cas…

Reste le problème rarement énoncé, mais décisif : Hardin est perçu comme un écologiste de droite, et il est accusé de théoriser une forme de privatisation de l'environnement. La première partie de la critique ne devrait pas suffire à discréditer son travail. Quant à la seconde, elle est trompeuse.

Mais avant de poursuivre, il faut préciser que cette métaphore sur les communs, la seule qui soit généralement discutée, ne constitue en fait qu'un préambule à son raisonnement. La suite du texte, largement négligée par les commentateurs actuels, porte sur une autre question et dévoile la dimension principale du travail de Hardin, celle de l'éthique.

Que dit Hardin ? Dans le cas de notre pâturage commun, même si un éleveur se rend compte de la situation, même s'il décide d'agir « moralement », c'est-à-dire de ne pas augmenter le nombre de ses vaches ou de ses moutons, cela ne sert à rien, car les autres éleveurs continueront à augmenter la taille de leur troupeau. L'action de l'individu vertueux n'éloignera que d'une manière imperceptible l'apocalypse qu'il n'est possible d'éviter qu'à la condition de convaincre tous les éleveurs d'arrêter d'augmenter la taille de leur troupeau. L'action individuelle est inutile.

La personne vertueuse s'impose à elle-même un sacrifice inutile. Pire, elle offre aux autres, qui ne sont pas vertueux, la possibilité de profiter davantage ou plus longtemps de leur attitude non vertueuse.

On peut trouver dans notre quotidien de nombreux exemples de ce genre de situations. C'est le cas pour la lutte contre le réchauffement climatique : à quoi bon se priver de vacances au soleil sous prétexte qu'un aller-retour en avion émettrait trop de CO_2, quand des millions d'autres personnes le font chaque année ou que certaines centrales à charbon émettent en une journée des milliers de fois plus ? (Le nombre de passagers des transports aériens a atteint 3,3 milliards en 2014[4].)

« La tragédie des biens communs » pose ainsi de manière fondamentale la question de l'action individuelle. Elle permet de réfuter l'invitation au sacrifice sur laquelle reposent trop d'actions écologistes. Celle-ci est inutile. Et cela, Hardin l'expliquait déjà il y a cinquante ans dans son texte : « Si nous demandons à un homme qui exploite un bien commun d'y renoncer “au nom de la conscience”, que lui disons-nous ? Qu'entend-il ? (…) Tôt ou tard, consciemment ou inconsciemment, il sent qu'il a reçu deux messages contradictoires : 1) (communication explicite) “Si vous ne faites pas comme nous le demandons, nous vous condamnerons ouvertement pour ne pas agir en citoyen responsable” ; 2) (communication fortuite) “Si vous vous comportez vraiment comme nous le demandons, nous vous condamnerons secrètement comme étant un nigaud qu'on peut convaincre par la honte de se priver pendant que nous autres exploitons les communaux”. »

Il est un autre malentendu qu'il faut dissiper : contrairement à son image d'écologiste de droite, la pensée de Gardin n'est pas un libéralisme béat. La métaphore des biens communs met en évidence ce qu'on appelle aujourd'hui une défaillance du marché. Il prend ainsi très clairement le contre-pied d'Adam Smith avec sa métaphore de la main invisible : l'intérêt individuel ne va pas toujours dans le sens du bien commun.

Adam Smith a écrit deux siècles plus tôt que « [l'intention de l'entrepreneur], en général, n'est pas en cela de servir l'intérêt public, et il ne sait même pas jusqu'à quel point il peut être utile à la société. [...] En dirigeant cette industrie de manière à ce que son produit ait le plus de valeur possible, il ne pense qu'à son propre gain ; en cela, comme dans beaucoup d'autres cas, il est conduit par une main invisible à remplir une fin qui n'entre nullement dans ses intentions. [...] Tout en ne cherchant que son intérêt personnel, il travaille souvent d'une manière bien plus efficace pour l'intérêt de la société, que s'il avait réellement pour but d'y travailler[5]. »

Pour Garrett Hardin, l'intérêt individuel mène au contraire à la catastrophe dans le cas des biens communs. Dans sa critique d'Adam Smith, il pose cette question fondamentale : comment aligner l'intérêt individuel sur l'intérêt commun ?

C'est ici qu'intervient la discussion sur la privatisation. Dans un livre qu'il consacra au sujet dix ans plus tard (*Managing the Commons*), Hardin déploie sa pensée et explique, en substance, que les communs sont voués à disparaître parce qu'ils montrent fondamentalement un décalage entre l'appropriation des bénéfices – qui dans cet exemple sont privés – et la responsabilité du bien qui permet ces bénéfices – qui est public. Il écrit que le système ne peut marcher que si les deux fonctionnent sur le même mode : si le bien est commun et que les profits sont communs (une sorte de communisme) ou si les biens sont privés et que les bénéfices sont privés (une sorte de libéralisme). Parfois, cette opposition est résumée, de manière superficielle, par l'alternative nationalisation versus privatisation. Mais si les sympathies de Hardin sont évidentes, dénoncer l'appropriation privée des fruits d'un bien public ne devrait pas être perçu comme un péché ultralibéral[6].

Ici, il faut préciser que Hardin mélange parfois les ressources en libre accès (l'air qu'on respire) et celles relevant de la propriété commune (le pré commun). Lorsqu'il évoque une appropriation privée, il ne faut pas le comprendre de manière restrictive comme une propriété individuelle. Il peut s'agir plutôt d'une capacité d'usage attribuée à des personnes ou à des groupes. En général, l'État joue un rôle important en définissant les critères d'attribution ou en contrôlant leur utilisation... À ces conditions, lorsque Hardin défend qu'une forme de propriété permet de protéger les ressources naturelles communes, il annonce en fait une tendance profonde de l'écologie moderne.

Un premier exemple est celui de la pêche. La situation mondiale des stocks de poissons est extrêmement préoccupante – certains spécialistes prédisant un effondrement complet d'ici quelques décennies[7]. L'efficacité du système des quotas européens est pour le moins mitigée : deux « livres verts » de la Commission ont signalé, en 2002 et en 2009, leur échec. Selon le dernier document, la situation des pêches européennes « se caractérise par une surexploitation des stocks, une surcapacité des flottes de pêche, de fortes subventions, une faible résilience économique et une baisse des quantités de poissons capturées par les pêcheurs ». Ainsi, 88 % des stocks communautaires de poissons sont surexploités, dont « 30 % se trouvent en dehors des limites biologiques de sécurité, ce qui signifie qu'ils sont susceptibles de ne pas pouvoir se régénérer[8] ».

En contrepoint, un système utilisé en Islande – qui ne fait pas partie de l'Union – et en Nouvelle-Zélande s'appuie sur un mécanisme baptisé quotas individuels transférables (QIT) dont le succès est largement reconnu. Le gouvernement attribue des maxima de poisson à prélever par an, les divise et les distribue aux entreprises de pêche. Il autorise ces acteurs (individuels) à vendre ou acheter ces quotas (qui sont donc « transférables »). C'est une manière de « privatiser » la ressource. Mais ça marche.

Ainsi, une étude du ministère français de l'Agriculture et de la Pêche montre que « cet instrument a permis de stopper la "course au poisson", d'accroître la durée de la période de pêche pour certaines espèces, ce qui est favorable au renouvellement des populations, et d'améliorer le respect des quotas recommandés par les scientifiques. Du point de vue de l'efficacité économique, les QIT ont permis de limiter la surcapitalisation et le suréquipement du secteur de la pêche. Ils ont conduit à un très fort accroissement de la rentabilité du secteur, notamment grâce à la concentration des entreprises de pêche[9] ».

Et il ne s'agit là ni d'une dérégulation ni d'une ultralibéralisation. L'État islandais garde un contrôle sur la situation en déterminant les quotas, en surveillant leur respect et en régulant leur commerce.

Une tendance similaire est observable dans la protection des forêts du monde entier : l'idée est de donner des titres de propriété aux peuples qui les occupent et de délimiter des zones sous leur contrôle. Car en l'absence de tels titres de propriété, ils sont désarmés face aux bûcherons et aux agriculteurs qui veulent détruire ces écosystèmes précieux. L'association internationale Survival recense ainsi une longue et triste liste de peuples menacés : les Awa brésiliens qui ont le malheur de vivre au-dessus d'un immense gisement de fer, les Penan indonésiens qui habitent une forêt que d'autres veulent raser pour faire pousser des palmiers à huile, les San au Botswana dont les terres recèlent des diamants, etc. Leur protection repose sur la reconnaissance de leurs droits sur la terre qu'ils habitent et donc sur l'obtention de titres de propriété (parfois collectifs).

Mais ce n'est pas seulement le cas des peuples indigènes. Des mesures similaires ont été mises en place à grande échelle en Chine, avec des résultats extrêmement positifs. La propriété de forêts est transférée, selon les cas, à des personnes, à des groupes, à des entreprises (aussi) ou à des collectivités[10]. Les résultats de l'expérience chinoise sont tels que les spécialistes proposent de l'étendre à un autre immense pays dans lequel la paysannerie fait face à la misère : l'Inde.

Dans la majorité des situations, les zones de forêt sont mieux protégées quand les populations qui les habitent et les utilisent se voient reconnaître une forme de propriété, au sens d'un cadre juridique qui réunit dans les mains des mêmes personnes ou groupes à la fois la responsabilité de protéger la ressource et la capacité de l'utiliser et d'en tirer profit. Selon une étude du World Resources Institute, le taux moyen de déforestation annuel dans les forêts des territoires indigènes où existe un tel programme a été inférieur de 35 % en Bolivie, 40 % au Brésil et 50 % en Colombie[11].

C'est la confirmation de l'intuition de Garrett Hardin.

Chapitre 4

L'écologie au service de la société

Si finalement presque tout le monde est contre l'écologie punitive, pourquoi existe-t-elle encore ? Et par quoi pourrait-elle être remplacée ?

Ségolène Royal propose une écologie « positive ». L'idée est intéressante mais l'expression reste floue ; il est difficile d'identifier dans le bilan de la ministre de l'Écologie les éléments concrets qui permettraient d'en inférer une définition précise.

Pour reprendre l'interprétation qu'en fait Rémy Prudhomme, économiste et grand contempteur des écologistes, « l'écologie positive consiste à prendre en compte toutes les dimensions des décisions environnementales, y compris celles qui sont négatives pour l'économie[12] ».

Les Républicains défendent une idée

similaire et proposent de « concilier écologie et économie, pour réconcilier l'homme et son environnement[13] ».

Gauche et droite vont donc dans le même sens. Elles imaginent une écologie qui fait des compromis. Pourquoi pas, mais une difficulté surgit immédiatement : où placer la limite entre compromis et renoncement ? Comment distinguer écologie punitive, écologie positive, et soumission aux intérêts des lobbys industriels ? Tout cela reste vague, peut-être intentionnellement d'ailleurs. C'est pourquoi des éclaircissements s'imposent. D'autant que les contempteurs de l'écologie punitive en profitent généralement pour ajouter que l'écologie qu'ils prônent est favorable au nucléaire, au gaz de schiste, aux OGM, aux pesticides, aux méthodes intensives en agriculture, etc.[14].

L'écologie positive reste-t-elle une écologie ou n'est-ce qu'une forme de *greenwashing*, c'est-à-dire de mensonge commercial se prétendant écolo sans l'être ?

Des explications sont d'autant plus nécessaires que l'idée d'un compromis entre écologie et économie n'a absolument rien de neuf ; c'est même la définition de l'écologie moderne depuis plus de trente ans, ce qu'on appelle le développement durable.

Le terme est né des travaux de la ministre norvégienne Gro Harlem Brundtland, mandatée par les Nations unies pour préparer le Sommet de la Terre de Rio, en 1992. Il a depuis été galvaudé et les experts se disputent sur son sens précis. Mais en 1992, le développement durable est imaginé pour concilier les aspirations écologiques du Nord avec la volonté de développement du Sud. À l'époque, les pays du Sud reprochent déjà à l'Occident de défendre de belles idées, sympathiques pour les pays riches, mais qui sont un luxe inabordable pour les autres et qui les empêcheraient de se développer. On retrouvera cet argument par la suite sous de multiples formes et en de multiples occasions.

La définition forgée dans ces discussions fera date : il s'agit d'un « développement qui répond aux besoins du présent sans compromettre la capacité des générations futures à répondre aux leurs ». Fait marquant, l'expression n'inclut ni écologie ni environnement – ce qui est étonnant au premier abord – et elle met le développement au premier plan. La planète n'apparaît qu'indirectement, comme celle qui fournit aux générations futures de quoi satisfaire leurs besoins. C'est une définition complètement anthropocentrique de l'écologie.

Le développement durable est aussi, dans les textes de Rio, présenté comme reposant sur trois piliers : l'économie, l'écologie, le social. Il doit concilier ces trois aspects – ce qui représente une rupture assez radicale avec les positions écologistes antérieures. Comme le dit une autre définition officielle, il consiste en « un développement économiquement efficace, socialement équitable et écologiquement soutenable ». On le voit, l'idée de compromis entre écologie et économie n'a rien de récent…

Depuis 1992, l'expression s'est imposée comme le paradigme de référence pour l'écologie mondiale. Mais avant de poursuivre, il est amusant de faire un petit détour par l'histoire de France. Car c'est là qu'on y trouve l'origine du terme « développement durable ». Le mot « durable » est ici une traduction française de l'anglais *sustainable*. Une traduction imparfaite puisque *sustainable* se traduirait plutôt par « soutenable ». Or, ce mot vient en fait lui-même de l'ancien français *soustenir*. Le terme est utilisé dans l'ordonnance de Brunoy, première réglementation forestière en langue française, édictée le 29 mai 1346 par Philippe VI de Valois. C'est d'une certaine manière l'origine de l'écologie dans le pays : « Les maîtres des eaux et forêts enquerront et visiteront toutes les forez et bois et feront les ventes qui y sont, en regard de ce que lesdites forez se puissent perpétuellement soustenir en bon estat. » La gestion des forêts est ainsi un modèle historique de gestion durable en France – même si son objectif était de fournir du bois pour la marine militaire et non pas d'assurer le bonheur collectif.

Depuis 1992, le corpus théorique et pratique du développement durable s'est enrichi sur ses trois piliers (économie, écologie, social). Dans le domaine de l'économie notamment, un champ de recherches entièrement nouveau est ainsi apparu : l'évaluation des services rendus par les écosystèmes, c'est-à-dire l'évaluation économique de l'intérêt à protéger la biodiversité. Il s'agit de mettre des chiffres en face des problèmes écologiques.

L'une des études les plus célèbres en la matière a été réalisée en 2006 par Nicholas Stern, ancien vice-président de la Banque mondiale, pour le compte du gouvernement britannique[15]. Elle consistait à évaluer le coût économique du changement climatique. Pour y parvenir, Stern s'est entouré des meilleurs spécialistes et il a additionné, dans un rapport qui porte désormais son nom, le coût des tempêtes, la baisse de rendement des cultures, et de nombreux autres facteurs. Même si certains points de son travail ont été contestés (mais comment pourrait-il en être autrement ?), l'économiste aboutit à une estimation qui a fait date : le réchauffement climatique coûtera chaque année entre 5 et 20 % du produit mondial brut. De manière cumulée, cela représente d'ici la fin du siècle une somme de l'ordre de 5 000 milliards de dollars, soit l'équivalent des deux guerres mondiales du XXe siècle[16]...

D'autres analyses portent sur des objets plus particuliers : c'est le cas de TEEB, The Economics of Ecosystems and Biodiversity, elle aussi menée par une prestigieuse équipe d'économistes dirigée par Pavan Sukhdev, pour la Deutsche Bank et la Commission européenne. Cette étude fourmille de chiffres. Par exemple, les abeilles suisses, grâce à la pollinisation et à leur miel, rapportent 213 millions de dollars par an. Projeté à l'échelle de la planète, ce sont 153 milliards d'euros que rapportent les petits insectes... Cela donne de bonnes raisons de les protéger, n'est-ce pas ?

L'identification de bénéfices concrets n'est encore qu'une étape. Dès lors que c'est fait, il est possible d'identifier le ou les bénéficiaires et de s'appuyer sur eux. À cette condition, un projet ou une décision n'est plus seulement soutenu par une minorité d'écologistes convaincus mais aussi par une partie plus ou moins large de la population. Le projet devient politique.

Trouver une manière d'intéresser divers groupes à un projet est ainsi la condition de sa réussite. Cela repose en général sur la méthode classique des « parties prenantes » et le meilleur exemple en est l'installation d'éoliennes. La construction d'un parc éolien est en effet un exercice redoutablement complexe. Car si les enjeux énergétiques sont absolument clairs (énergie renouvelable et propre, indépendance énergétique, etc.), de nombreux projets n'en ont pas moins été confrontés à une opposition locale considérable. Plusieurs d'entre eux ont été annulés en France, ou ailleurs. L'opposition vient généralement d'associations locales qui s'inquiètent d'une atteinte au paysage, de nuisances sonores ou de la protection des oiseaux ou des chauves-souris.

Les opérateurs énergétiques ont donc développé des stratégies pour neutraliser ces oppositions, voire les inverser. Les riverains reçoivent une partie du capital de l'entité économique qui est créée pour exploiter les éoliennes et deviennent par là même intéressés au succès du projet ; les propriétaires des terrains privés sur lesquels sont installées les éoliennes sont indemnisés ; les communes reçoivent une partie de la taxe professionnelle. Des « parties prenantes » qui auraient pu s'opposer au projet deviennent des acteurs de celui-ci, car elles y trouvent un intérêt direct. Et les projets peuvent avancer.

Même les ONG écologistes ont recours à ces méthodes. Greenpeace les utilise désormais dans son combat contre la surpêche. Plutôt que de stigmatiser les pêcheurs, l'ONG essaie désormais d'organiser les pêcheurs artisanaux contre les pêcheurs industriels. Les premiers sont en effet beaucoup plus respectueux des stocks de poissons que les seconds, et bien plus intéressés à leur préservation, car ils ne peuvent pas se déplacer à l'autre bout du monde lorsque ces stocks sont épuisés. Greenpeace tente de s'appuyer sur eux et de leur donner plus de voix face aux industriels et à leurs pratiques destructrices, que ce soit la pêche de grands fonds ou la pêche électrique, par exemple. Même si la célèbre ONG n'utilise pas cette méthode dans tous ses combats, cela n'en reste pas moins un signe fort d'une évolution.

Les Nations unies mettent en œuvre ce type d'écologie basée sur l'intérêt au travers de l'Initiative pour une économie verte du Programme des Nations unies pour l'environnement (UNEP). Cette action majeure vise à mettre en place des argumentaires rationnels, fondés sur l'intérêt bien compris et donc capables de trouver l'oreille des décideurs politiques et économiques.

Les exemples sont multiples. Au Rwanda, la reforestation permet d'augmenter la production agricole et les revenus des paysans. Elle amène également une augmentation du débit des fleuves qui alimentent l'un des principaux barrages du pays, augmente la production électrique et permet ainsi de diminuer les importations coûteuses d'hydrocarbures pour les générateurs alternatifs.

À Bogota en Colombie, un réseau de bus rapides, devenu une référence pour l'Amérique latine, circule sur plusieurs centaines de kilomètres de voies réservées. Jusqu'à 1,5 million de personnes l'utilisent chaque jour. Les prix, moins élevés que pour les autres transports, assurent une large utilisation. La ville a ainsi réduit de 350 000 tonnes par an ses émissions de gaz à effet de serre. Les déplacements vers le centre-ville et les lieux de travail ont été facilités et les embouteillages, chroniques auparavant, ont considérablement diminué.

À New York, quand la mairie a décidé d'améliorer l'alimentation en eau potable des habitants, elle a choisi de ne pas construire une nouvelle usine de traitement des eaux mais plutôt d'améliorer la situation écologique des forêts et collines avoisinantes, où se situent des sources d'eau potable. Celles-ci fournissent désormais naturellement l'alimentation en eau de la ville. Le projet a coûté entre 1 et 1,5 milliard de dollars, contre 6 à 8 pour la nouvelle usine. Les factures d'eau des New-Yorkais ont augmenté de 9 % au lieu de doubler.

La clé de ces succès est d'associer à chaque projet un bénéfice concret facilement identifiable et mesurable. Ce bénéfice est parfois appelé co-bénéfice, car c'est l'effet secondaire d'une bonne politique.

Un courant profond anime ainsi l'écologie internationale depuis deux décennies. Il vise à identifier les avantages précis et concrets des choix écologistes, à mettre en avant leur impact économique et à encourager les attitudes positives plutôt que de sanctionner celles qui ne le sont pas. Bref, à occuper le registre de l'intérêt bien compris. En poursuivant cette dynamique, en lui faisant franchir une étape supplémentaire, voire ultime, je propose d'en finir une fois pour toutes avec la logique de l'écologie punitive.

Pour récapituler les principales étapes de ce mouvement, ou pour reconstruire la « geste » de l'écologie, on peut dire que tout a commencé par des imprécations : il faut sauver la planète. Ensuite est venu le temps des arguments économiques destinés à convaincre les décideurs : tel investissement dans les énergies renouvelables serait rentabilisé dans tel délai. Vint ensuite le temps des co-bénéfices.

La dernière étape que je propose pour terminer ce mouvement de décentrage de l'écologie consiste à renverser les rapports entre bénéfice et co-bénéfice. À ne plus considérer les impacts sociaux ou économiques comme l'accessoire mais comme le principal. Et à faire de l'écologie non plus un but, mais un moyen.

L'objectif n'est plus la préservation de telle ou telle espèce, de tel ou tel écosystème, il devient le bien-être humain, la prospérité.

Et la manière la plus efficace d'y parvenir, c'est de le faire de manière « responsable » ou « durable » car cela permet de prendre en compte les contraintes écologiques de notre temps, voire de les anticiper. Dès lors, l'environnement devient une manière plus intelligente, plus efficace et plus moderne de transformer la société et d'améliorer la vie des gens. Une telle transformation s'apparente, au moins dans son mouvement, à une révolution copernicienne comme l'épistémologie en a connu plusieurs.

Cette nouvelle écologie ne demande plus de sacrifices mais recherche les avantages concrets que des propositions écologistes peuvent apporter ; elle cherche à aider les gens auxquels elle s'adresse plutôt que de vouloir faire leur bien malgré eux. Cette approche permet enfin d'en finir avec les imprécations moralisatrices pour défendre l'intérêt bien compris. Elle tourne ainsi le dos, radicalement, à l'écologie punitive et propose une base solide pour construire une écologie positive.

Chapitre 5

Par-delà la morale

L'autre visage de l'écologie punitive, c'est l'écologie morale. Si les deux semblent radicalement différentes, elles forment en fait les deux visages d'un même Janus. Car pour inviter les gens à agir à l'encontre de leurs intérêts (du moins leurs intérêts immédiats), il est utile d'en appeler à un idéal supérieur, à une nécessité qui dépasserait toutes les autres : la morale.

Cette tendance morale, ou moralisatrice, imprègne toute l'écologie occidentale. À la fin du livre qui accompagne son célèbre film *Une vérité qui dérange*, Al Gore a ainsi cette phrase qui sonne comme une conclusion : « Je ne considère pas vraiment le changement climatique comme un problème politique. Je le considère comme un problème moral. »

Al Gore n'est pas le seul écologiste à avoir brouillé les lignes. La plupart des défenseurs de l'environnement, en Occident, le font. Et souvent pour les mêmes raisons que le vice-président américain. Récemment, 15 000 scientifiques de 184 pays ont ainsi signé une tribune alertant sur l'état de la planète. Ils demandent « des mesures immédiates car il s'agit là d'un impératif moral vis-à-vis des générations actuelles et futures des êtres humains et des autres formes de vie[17] ».

Mais l'exemple d'Al Gore est particulièrement instructif. Celui-ci a en effet déployé des efforts méritoires afin obtenir la signature du protocole de Kyoto, en 1997, contre le réchauffement climatique. Mais alors même qu'il a apposé son nom au bas du document au nom des États-Unis, il n'est jamais parvenu à le faire ratifier par les députés ou les sénateurs américains, opposés à tout accord contraignant en la matière. En un sens, c'est parce qu'il tire la leçon de cet échec, parce que les arguments politiques (et scientifiques) ont échoué à convaincre, qu'il se tourne vers les arguments moraux, dans un pays par ailleurs très religieux et donc peut-être plus sensible à cette dimension. Finalement, Al Gore endosse la livrée d'un prêcheur et part sur les chemins de la planète avec son bâton et sa présentation Powerpoint pour ce que lui-même appelle une « croisade ».

Il faut d'ailleurs saluer ici les autorités religieuses qui se sont emparées de la question, à l'image du pape François et de son encyclique sur « la sauvegarde de la maison commune », ou avant lui de Bartholomée Ier, primat de l'Église orthodoxe. La dimension morale est bien entendu un élément essentiel de l'engagement individuel. Malheureusement, cela ne suffit pas. Ce n'est pas la morale qui règle les affaires de ce monde. Il faut trouver une solution politique.

Dans de très nombreux cas, cette approche morale peut même s'avérer contre-productive. Et cela pour au moins trois raisons. La première est psychologique. Quand des écologistes viennent accuser le reste du monde du haut de leurs certitudes, il ne s'agit plus seulement d'un désaccord politique : ils traitent les autres de salauds, et cela leur hérisse le poil. Les certitudes boursouflées des donneurs de leçons, quels qu'ils soient, donnent envie de mordre à ceux qui ne leur sont pas déjà acquis.

La deuxième raison est celle-ci : quand tous ces arguments moralisateurs sont professés par des personnes relativement aisées et qui justifient souvent, plus ou moins consciemment, leurs propres choix, leur propre statut, leur propre bien-pensance, pour les personnes plus modestes, cela peut être perçu comme injuste.

Enfin, les arguments moraux sont certes importants, mais ils ne peuvent être utilisés qu'avec la modestie de ceux qui savent combien chaque être humain est imparfait, sans quoi il est trop facile de les réfuter en attaquant les personnes qui les utilisent. Or, les écologistes, pas plus que les autres, ne sont irréprochables. C'est le cas de Cécile Duflot qui part en vacances aux Maldives ou de Pascal Husting, ancien directeur général de Greenpeace France et désormais directeur des programmes de Greenpeace International, qui prenait chaque week-end l'avion pour rentrer du travail, entre Amsterdam et Genève. Sans parler de problèmes déontologiques, comme Jean-Vincent Placé qui devait 18 000 euros d'amendes pour infractions routières…

Pour être efficace, cette posture morale devrait reposer sur des fondations solides et communes. Mais celles-ci manquent cruellement. Protéger l'environnement, bien sûr ! Mais pourquoi, au juste ? La question est beaucoup plus difficile à trancher qu'il n'y paraît au premier abord. Elle agite le monde écologiste depuis des décennies et appelle une variété de réponses. Ce pourrait être parce que cet environnement nous a été confié par une puissance divine ; parce que nous endommageons l'environnement et qu'il est de notre responsabilité de réparer les conséquences de nos actes ; parce que nous devons respecter les autres êtres vivants (animaux ou végétaux) ; parce que nous sommes responsables vis-à-vis des générations futures ; parce que c'est notre intérêt (nous avons besoin des ressources que nous fournit la planète, et sans elles notre survie pourrait être compromise). Ou pour bien d'autres raisons encore.

Discuter l'ensemble de ces positions relèverait d'un autre livre. Mais un sujet croise notre réflexion sur l'écologie punitive : le rapport à la nature (ou le vivant, la création, la planète...). Trop d'écologistes prétendent, souvent de bonne foi, protéger la planète ; ils s'enhardissent ensuite à parler en son nom. La planète serait en danger, entend-on souvent. Mais cela ne veut rien dire.

Que la température augmente, que la pollution s'accroisse, que nous vidions les océans de leurs poissons... tout cela n'empêchera pas la planète d'exister – sous une forme ou sous une autre. Cela menace certaines espèces, certains écosystèmes, c'est-à-dire la planète telle que nous la connaissons. Cela condamnera peut-être 90 % de la population humaine à disparaître ou à d'épouvantables souffrances – ce qui est évidemment terrible. Mais cela n'empêchera probablement pas l'espèce humaine de continuer à exister en tant que telle : il restera toujours quelques privilégiés pour se protéger dans tel ou tel bunker.

Si parler au nom de la planète est une usurpation, parler au nom des oiseaux, des poissons, des plantes, ou des écosystèmes l'est tout autant. Il est évidemment impossible de se mettre vraiment à leur place. Mais surtout, les écosystèmes sont construits sur des équilibres instables et changeants ; les individus et les espèces évoluent et se développent souvent les uns aux dépens des autres. Cent cinquante ans après Darwin, protéger l'un ou l'autre peut être nécessaire mais ne peut pas se justifier par la seule défense d'un statu quo transitoire.

D'un point de vue politique, l'histoire est riche des catastrophes auxquelles ont mené celles et ceux qui prétendaient agir au nom des autres et qui voulaient faire leur bien, même de bonne foi. Ce qui est vrai pour les utopistes du XVIIIe ou du XXe siècle l'est peut-être aussi pour les écologistes d'aujourd'hui.

La seule position qu'il est raisonnablement possible de soutenir consiste à parler au nom de personnes de chair et d'os. Cela implique de se préoccuper vraiment, concrètement, de protéger les êtres humains et de défendre leurs intérêts. C'est revenir à la définition du développement durable de 1992, remarquablement anthropocentrée comme on l'a vu.

Ce n'est pas la position qu'ont choisie tous les écologistes. Ce débat nous ramène aux débuts des années 1990. À l'époque, se développe ce qu'on appelle l'écologie profonde, ou *deep ecology* en anglais. Celle-ci conteste la primauté de l'être humain sur la planète. Elle attribue à tous les êtres vivants une valeur intrinsèque ou éthique, voire des droits. Le terme est inventé par le philosophe norvégien Arne Næss (qui fut le premier secrétaire de Greenpeace Norvège, en 1988, puis candidat sur une liste des Verts en 2005). Selon lui, « le droit de toute forme de vie à vivre est un droit universel qui ne peut pas être quantifié. Aucune espèce vivante n'a plus ce droit particulier de vivre et de s'étendre qu'une autre espèce ».

L'écologie profonde s'est depuis largement diversifiée, mais elle se dresse contre un « chauvinisme humain » qui place les êtres humains au-dessus des autres espèces. Elle invite à quitter une forme d'anthropocentrisme. L'écologie profonde rejoint ainsi le mouvement pour la défense des animaux.

Arne Næss construit son système contre l'écologie plus classique, qu'il appelle l'écologie superficielle et qui – on l'aura deviné – est décrite comme faible, soumise aux intérêts des industriels, aux compromis... Cette écologie superficielle est accusée de ne considérer les autres êtres vivants que dans leur rapport à notre espèce.

L'écologie profonde en tant que telle n'a jamais représenté qu'une petite partie des écologistes, mais elle a exercé une influence très large. Aujourd'hui, une majorité d'écologistes se positionne du côté de l'écologie superficielle, souvent sans le savoir. Mais même chez les écologistes ou chez les Verts, un étrange mélange des différentes positions coexiste souvent.

Cette écologie profonde a été accusée d'être misanthrope et certains de ses partisans ont exprimé leur dédain pour l'espèce humaine, accusée d'être un cancer sur notre planète. On peut en trouver des exemples chez Paul Watson, le fondateur de Sea Shepherd, la très médiatique et très efficace association de défense des océans. C'est l'un des acteurs les plus importants de l'écologie mondiale. Mais il ne cache pas son peu d'affection pour l'humanité : « C'est certain, je ne suis pas un grand fan de l'espèce humaine dans son ensemble, déclare-t-il au *Figaro*, mes congénères sont des primates arrogants et incontrôlables[18]. » Il poursuit : « Il y a plus de 30 millions d'espèces sur cette planète. Ce sont tous des Terriens. Ils sont tous égaux. Certains sont plus égaux que d'autres, je dois reconnaître : les vers de terre sont beaucoup plus importants que les êtres humains. »

Plusieurs philosophes ont étrillé ce courant de pensée, dont Luc Ferry. Même si le philosophe et ancien ministre a défendu des positions ambiguës sur le réchauffement climatique et s'est affiché en compagnie de Claude Allègre, il montre depuis de longues années un intérêt assidu pour la question environnementale. Luc Ferry a ainsi publié en 1992 un ouvrage important, *Le Nouvel Ordre écologique*[19], qui attaque frontalement la *deep ecology*. Dans ce livre, il se laisse aller à établir quelques ponts exagérés entre écologistes et nazis. Mais il pose un diagnostic clair : l'écologie profonde est un anti-humanisme, au sens où elle s'oppose à l'idéal humaniste qui place l'être humain au cœur de notre pensée[20].

Et cette objection fondamentale pointée par Luc Ferry indique la direction à suivre : réconcilier l'écologie avec l'humanisme en termes philosophiques, et avec les humains en termes politiques.

En termes philosophiques, et au risque, encore une fois, de simplifier exagérément, on peut regarder du côté des penseurs anglais des XVIIIe et XIXe siècles : Jeremy Bentham et John Stuart Mill. Leur philosophie, dite utilitariste, peut sembler un peu triviale, mais elle s'est révélée extrêmement féconde, en tout cas jusqu'au XXe siècle.

C'est une philosophie qui place notre espèce à la racine de sa réflexion, en cherchant à maximiser le bonheur des êtres humains. « La nature a placé l'humanité sous le gouvernement de deux maîtres souverains, la douleur et le plaisir. Il n'appartient qu'à eux de désigner ce que nous avons à faire comme de déterminer ce que nous ferons. »

L'homologie est évidente avec cette écologie anthropocentrée et cette « écologie comme moyen » que j'ai décrite au chapitre précédent.

L'homme est fauteur de troubles, mais aussi porteur de solutions. Il est victime et bénéficiaire : il est la mesure de tout.

Dès lors, protéger les forêts s'impose car elles produisent l'oxygène que nous respirons et parce qu'elles filtrent l'eau que nous buvons. Préserver la biodiversité devient une évidence car celle-ci nous fournit l'ensemble des aliments dont nous nous nourrissons. Économiser les ressources naturelles devient nécessaire car sans elles notre société ne pourrait plus fonctionner. Et lutter contre le réchauffement climatique devient logique pour éviter les catastrophes qu'il ne manquerait pas d'entraîner.

Pour reprendre la thèse de Luc Ferry, l'écologie ne peut devenir humaniste que si elle accepte de se mettre au service de l'homme. La critique de l'écologie punitive et celle de l'écologie moralisatrice convergent ainsi remarquablement pour aboutir à une écologie centrée sur l'humain, qui met l'écologie au service de la société et non l'inverse, et qui en fait un moyen plutôt qu'un but.

Cela peut ressembler à un renoncement. C'est tout le contraire. Car en assumant d'être pragmatique et en cherchant à obtenir des résultats concrets pour la population plutôt que des bénéfices vagues au service d'une idée, on s'assure le soutien de l'opinion et donc les moyens des succès futurs. Ce changement radical permet de poser les bases d'une écologie différente : une écologie au service des citoyens.

Troisième partie

Écologie et justice

Chapitre 6

Écologie punitive et justice

Le débat sur l'automobile s'impose, encore et toujours, comme la référence pour saisir et décrypter les ressorts fondamentaux de l'écologie punitive. Les mesures pour lutter contre la pollution de l'air, quand elles touchent à la voiture, se heurtent en effet, presque systématiquement, à une opposition puissante qui s'appuie sur l'accusation d'écologie punitive. Cette désignation est l'expression favorite des défenseurs du statu quo et des porte-parole autoproclamés des automobilistes. Mais ces attaques sont bien plus que les récriminations de quelques réactionnaires stipendiés.

Le succès de cette expression tient en effet à sa capacité à titiller un ressort profond chez les citoyens – parfois enfoui sous un écheveau de cynisme et de malhonnêteté : elle pose la question de la justice. Elle interroge sur la manière de répartir le fardeau de la responsabilité ou l'effort à fournir pour remédier à un mal aujourd'hui largement reconnu : la pollution de l'air.

Même l'incivilité choquante des conducteurs qui enfreignent les restrictions de circulation pendant les pics de pollution n'obère pas le problème du partage de la responsabilité. Et il est vrai que les automobilistes sont les dindons d'une farce tragique encouragée par l'État, en particulier au travers de ses incitations au diesel.

Même leur manière scandaleuse de se faire passer pour des victimes, quand les habitants des quartiers défavorisés en bordure de périphérique ou d'autoroute subissent dans leur chair la pollution et quand leurs enfants tombent malades (l'augmentation de l'asthme en est un exemple préoccupant), même cela, donc, devrait nous amener à insister sur la question de la justice plutôt que de l'écarter d'un revers de main.

C'est l'ambiguïté des objections contre l'écologie punitive : elles sont à la fois les récriminations égoïstes de ceux qui cherchent à échapper à leur responsabilité individuelle, mais aussi la marque d'un souci face à ce qui est ressenti comme une iniquité. Elles signent la revendication d'un partage plus juste du fardeau de la lutte contre la pollution.

Qui doit porter la plus grande part du fardeau ? Quelle sera la meilleure manière de répartir l'effort ? Chacun aura sa vision, et les anciennes divergences politiques réapparaîtront probablement bien vite dans les discussions sur les solutions à adopter. Mais introduire la question de la justice dans le débat écologique, c'est lui permettre de progresser.

Pour éclairer cette discussion, il faut citer Ulrich Beck, sociologue allemand qui s'est éteint, début 2015, à Berlin. Il a fait paraître en 1986 un livre majeur : *La Société du risque.* L'ouvrage, écrit juste avant Tchernobyl et publié juste après, soulève avec une acuité et une intelligence rares le problème du risque technologique, en posant cette question essentielle : qui cause le risque et qui le subit ?

Pour Ulrich Beck, notre modernité marque une rupture profonde avec l'époque passée. « Le concept de société industrielle [...] tournait autour de cette question : comment la richesse socialement produite peut être répartie de manière socialement inégale et légitime à la fois ? On retrouve cette question dans la société du risque : "Comment est-il produit et réparti ?"[1] »

Ulrich Beck poursuit : « Faire abstraction des réalités et des conséquences sociales, politiques et culturelles des risques », c'est ramener « la modernité […] à une opposition entre technique et nature ». La fulgurance de cette phrase tient au fait qu'elle n'est rien moins qu'une déclaration de guerre à l'ancienne manière de faire de l'écologie : faute de prendre en compte la dimension sociale, l'écologie est réactionnaire car elle enferme dans une impasse qu'elle construit elle-même.

L'écologie punitive, quand elle insiste sur la dimension sociale des mesures écologiques (pour les dénoncer) est la critique d'une forme d'écologie qui n'a pas accompli sa transformation vers la modernité. C'est aussi pourquoi elle a une telle force : elle identifie un point majeur sur lequel l'écologie doit se transformer.

On pourrait se réjouir que la question sociale investisse le débat sur la pollution de l'air. Malheureusement, ce sont plus les opposants que les partisans que l'on entend sur ce thème. C'est dire le chemin qui reste à parcourir ! Qui plus est, le sujet est complexe et prête à la confusion ou aux amalgames. Le ton péremptoire des affirmations ou la prétendue force des évidences signent généralement des arguments fallacieux.

C'est le cas des objections aux mesures limitant l'usage de la voiture dans Paris. Elles reposent sur l'idée que ces décisions pénaliseraient les populations les plus pauvres qui auraient besoin de leur voiture pour se rendre au travail et qui n'auraient pas assez d'argent pour changer de véhicule.

Cette critique est importante mais néglige au moins la moitié du problème. Car si elle pose, avec raison, la question de la répartition sociale de l'action, elle fait l'impasse sur la répartition sociale du risque – la pollution –, pour reprendre Beck.

Or, la pollution touche, en général, davantage les pauvres que les riches. Il existe certes quelques paradoxes – certains beaux quartiers sont très pollués – mais une étude récente de l'Institut d'aménagement et d'urbanisme de la région Île-de-France souligne que les nuisances s'accumulent dans les zones défavorisées. L'étude recense des « points noirs » dont un grand nombre « cumulent défaveur environnementale (au moins trois nuisances), défaveur sociale (ménages à bas revenus) et forte présence de publics sensibles (0-5 ans, +65 ans)[2] ».

Comme le rappelait récemment la journaliste de Mediapart Jade Lindgaard : « En Île-de-France, les inégalités sociales et environnementales sont étroitement liées. Les ménages à bas revenus sont surreprésentés dans plus de la moitié des points noirs environnementaux[3]. »

Lutter contre la pollution automobile est donc une mesure sociale. Les habitants de Pantin, d'Aubervilliers, de Clichy ou de La Courneuve, piégés entre des axes routiers régionaux majeurs, subissent de plein fouet la pollution de l'air à laquelle ils contribuent peu : car habitant à proximité de Paris – sur les lignes de métro – ils ne prennent pas la voiture. Celles et ceux qui prétendent défendre les classes populaires devraient y réfléchir avant de se retrouver sur les mêmes positions que le lobby automobile.

Autre simplification : chacun connaît ou prétend connaître quelqu'un qui habite en banlieue mais qui ne peut pas changer de voiture pour un véhicule moins polluant. Mais de quoi parle-t-on ?

Les nouveaux défenseurs des classes populaires tracent une sorte de trait d'égalité entre pauvres, banlieusards et possesseurs de vieilles voitures polluantes. Mais aucun ne se donne la peine d'étayer ses affirmations. On sait, bien sûr, que Paris est globalement plus aisée que sa banlieue. Mais il reste quelques pauvres dans la capitale, tandis que les banlieusards de Versailles ou de Sceaux ne sont pas les mêmes que ceux d'Aulnay-sous-Bois ou d'Évry. Et surtout, parmi eux, qui possède quel type de voiture ? Et combien sont concernés ? Selon l'association 40 Millions d'automobilistes, ce sont 870000 conducteurs. Selon *Le Monde*, ce seraient plutôt plutôt 420000. Mais la Mairie de Paris évoque seulement 4400 voitures individuelles ! Les chiffres municipaux proviennent d'analyses du trafic réalisées par la mairie. On peut les discuter, bien entendu, mais une chose est sûre : l'impact social réel de la mesure reste à évaluer.

Pourquoi se méfier des idées préconçues ? Peut-être parce que celles et ceux qui habitent en banlieue et qui prennent réellement la voiture tous les jours pour aller travailler n'ont pas envie d'arriver en retard à cause d'un pépin mécanique de dernière minute. Ou parce qu'ils tiennent à leur statut social qui s'exprime d'autant plus par leur voiture qu'ils sont modestes. D'une certaine manière, il faut justement être de ces « bobos » que critiquent nos tartuffes pour trouver « cool » de rouler dans une Peugeot 406 qui date de 1995.

Alors, combien de personnes modestes sont réellement concernées par la mesure ? Et qui sont les privilégiés méprisants ? Les apparences risquent d'être trompeuses, mais cela ne gêne pas nos tartuffes. « Il est de faux dévots ainsi que de faux braves », écrivait déjà Molière.

Ces deux exemples illustrent combien une analyse fine de la réalité sociale peut conduire à des recommandations différentes. Refuser une opposition binaire entre Parisiens et banlieusards permet de faire apparaître une troisième catégorie de citoyens : ceux qui habitent en proche banlieue et sont triplement victimes du système, et invite à mettre en place des plans d'action spécifiques pour la proche banlieue. Identifier les personnes défavorisées qu'il faudrait réellement aider à changer de voiture permettrait de prendre des mesures de compensation ou de soutien hyperciblées sur quelques milliers de personnes plutôt que de se laisser aller à des considérations générales sur le parc automobile.

Pour autant, il est important de reconnaître deux choses. Tout d'abord, que les automobilistes ne sont pas les seuls responsables. Car les sources de la pollution de l'air sont multiples. Les citoyens qui achètent et consomment des produits fabriqués dans des usines, transportés par camion, jetés dans des décharges pour être incinérés, le sont aussi. Comme ceux qui chauffent leur appartement au bois, au fuel, ou même au gaz et à l'électricité. Les industriels qui fournissent ces produits ou ces prestations, les agriculteurs qui nous nourrissent, les collectivités et l'État, personne n'est innocent. Chacun peut exercer son choix, montrer sa liberté : il y a des solutions moins pires que d'autres.

Ensuite, il faut rappeler que ces automobilistes sont, eux aussi, victimes du système. Le parc français est ainsi le plus diésélisé du monde – dans des proportions qui atteignent 70 % pour les particuliers, et plus de 90 % pour les professionnels. Les raisons en sont variées ; certaines sont cyniques, d'autres sincères. Mais le résultat est le même : les citoyens qui ont acheté des véhicules diesel l'ont souvent fait sur l'incitation de l'État. Et lorsque celui-ci décide – enfin – de revenir sur ces incitations, voire d'en inverser le sens, cela représente réellement un problème pour les citoyens. Le sentiment d'injustice qu'ils peuvent parfois ressentir les amène à se retourner contre les écologistes ou les militants de la santé publique qui luttent contre la pollution.

C'est aussi oublier que le modèle de société dans lequel nous vivons, avec des cités-dortoirs ici, des zones d'activités et d'emploi là, et des centres commerciaux encore ailleurs, est un modèle qui a été encouragé depuis les années 1960 avec comme conséquence de contraindre les citoyens à utiliser la voiture.

C'est négliger que la déshérence des trains de banlieue et des transports collectifs régionaux contraint également certains à utiliser la voiture. Il faudrait que les pouvoirs publics investissent massivement dans les transports collectifs !

Mais il faut croire qu'il est plus facile de critiquer les écologistes que de remettre en cause des années de politique publique.

Outre la question du changement de véhicule, l'un des problèmes de la circulation automobile, ce sont les embouteillages. Quelques dizaines de minutes par jour représentent, au total sur l'année, 29 heures en moyenne en 2014 et 45 heures en région parisienne. Là encore, les automobilistes sont les victimes du système. Supprimer ces embouteillages, ce serait presque comme offrir une semaine de congés supplémentaire par an aux Français ! Et cela non seulement gratuitement, mais en gagnant de l'argent : tous ces litres de carburant qui ne seraient pas consommés, tous ces véhicules qui s'useraient moins, et toute cette pollution qui ne s'échapperait pas des pots d'échappement pour empoisonner les citoyens et coûter si cher aux services sanitaires... Selon une étude d'INRIX, un fournisseur d'informations sur la circulation, la facture atteint 17 milliards par an, et 2800 euros par an par foyer en Île-de-France[4].

Comment sortir de ces impasses ? Il faut bien entendu encourager les mobilités alternatives, et en particulier celles que l'on dit « douces » : marche, vélo, trottinette. Il faudrait également proposer de diminuer le besoin de déplacement, et permettre une gestion du temps pour étaler le pic des heures de pointe ; favoriser le covoiturage, les horaires décalés, le télétravail, changer la ville...

Mais si on envisage le problème à plus long terme, une approche radicalement nouvelle est nécessaire, alors que le monde de la voiture connaît une transformation rapide et d'une ampleur sans précédent. Entre voitures électriques, covoiturage, autopartage, ubérisation, voiture autonome, mobilités alternatives et nouveaux entrants industriels, le chantier est immense ; il évolue à une vitesse considérable grâce à des révolutions dans les technologies digitales et dans les usages.

En particulier, si les voitures autonomes se développent, et que prospèrent avec elles des modèles de voitures partagées, le paradigme risque d'être profondément modifié. La voiture ne sera plus possédée mais louée, parfois pour de courtes durées. On passera à l'âge de l'accès, cher au penseur américain Jeremy Rifkin[5].

Une étude récente de l'OCDE et de l'International Transport Forum donne une idée de l'ampleur des transformations à venir. Les chercheurs étudient la circulation dans une ville réelle (Lisbonne) et modélisent la circulation si toutes les voitures étaient remplacées par des voitures autonomes : un peu comme des Uber, mais sans chauffeur. Les résultats sont saisissants : alors que les voitures personnelles sont, aujourd'hui, utilisées moins d'une heure par jour, les voitures autonomes partagées seraient utilisées presque douze heures par jour. Selon leurs calculs, et en assurant exactement le même service et les mêmes déplacements, cela diviserait le nombre de véhicules par dix ! Cela permettrait en conséquence de supprimer tous les parkings de surface et libérerait une surface énorme pour la ville et ses habitants : parcs, espaces de sociabilité, immobilier, développement économique, les perspectives sont immenses. Ce futur qu'imaginent les experts est la combinaison de transports en commun performants dimensionnés pour les heures de pointe avec des voitures pour les heures creuses et les petits déplacements autour des axes des transports en commun[6]. Trop souvent, les défenseurs de l'automobile mettent en scène une opposition presque irréductible entre défenseurs de la voiture individuelle et de la liberté contre ayatollahs des transports en commun. Les experts de l'OCDE, comme la plupart des écologistes, imaginent plutôt une complémentarité entre les différents modes de déplacement.

Difficile de voir quand et comment un tel scénario pourrait se mettre en place. Mais la tendance est là : une première étude montre que chaque véhicule Autolib' à Paris remplace 3 voitures particulières et libère 2 places de stationnement. En extrapolant ce ratio à l'ensemble de la flotte, on peut considérer que les 2000 véhicules Autolib' ont déjà remplacé 6000 voitures particulières et libéré 4 000 places de stationnement. Et pour un autre service d'autopartage urbain, appelé Mobizen, le facteur atteint 1 pour 7[7].

Quant aux voitures autonomes, elles sont déjà en test en Allemagne, aux États-Unis ou ailleurs[8]. Les industriels s'y préparent, Google ou Uber, mais aussi les anciens géants de l'automobile comme l'explique Patrick Pélata, ancien numéro 2 de Renault – qui ajoute que cela permet de diviser par deux le coût de la mobilité et ainsi d'éliminer les subventions aux transports publics : un avantage considérable quand on sait le poids que cela représente pour les collectivités[9].

Bien entendu, la voiture autonome n'est pas la réponse à toutes les questions, et il n'est pas question de se laisser aller à une technophilie béate. Comme souvent, la transformation technologique précipite une révolution sociétale.

En effet, quand les automobilistes ne seront plus les propriétaires de leur automobile mais les utilisateurs d'un service de mobilité, leurs exigences changeront. Ils demanderont davantage de qualité et d'efficacité. Comme citoyens, ils pourront enfin être sensibles aux questions de pollution ou de bruit. Ils pourront changer de véhicule sans être bloqués par leur endettement : après tout, ce ne sera plus leur voiture. L'intérêt bien compris de tous les citoyens se rejoindra enfin sur des questions d'usage, de pollution, de santé publique et de bien-être !

L'exemple des associations d'utilisateurs de téléphone portable ou des différents opérateurs Internet montre combien elles peuvent contribuer à l'amélioration des services. Quand 60 Millions de consommateurs et 40 Millions d'automobilistes auront fusionné, alors les exigences des consommateurs de transport et celles de l'écologie ou de la santé publique pourront converger. Et la question automobile pourra enfin être résolue de manière non punitive.

Chapitre 7

Justices

Reste cette difficile question : comment définir ce qui est juste ? Dès lors qu'il s'agit non pas d'une question philosophique générale mais d'un choix politique concret, il importe de disposer d'informations précises. L'écologie moderne se construit ainsi comme une politique fondée sur la science.

Mais la question de l'évaluation n'en est pas moins délicate comme le montre, une fois de plus, l'exemple de l'automobile et tout particulièrement la piétonnisation des berges à Paris. Ne provoque-t-elle pas des embouteillages néfastes ? Et ceux-ci ne génèrent-ils pas une pollution plus importante que celle qu'elle est censée éviter ? L'évaluation réalisée par Airparif a demandé un an d'études et fait ressortir des impacts relativement modestes au regard de la virulence des polémiques[10].

Le cafouillage pathétique de l'écotaxe et les violences qui l'ont accompagnée en 2013, ou la grossièreté, les invectives, voire les insultes proférées à l'encontre de la maire de Paris à propos de la piétonnisation des berges de la Seine donnent la mesure de l'agressivité que suscitent ces débats.

Pour retrouver un brin de sérénité, on peut chercher d'autres exemples dans le passé, nottamment en ce qui concerne l'obligation de la ceinture de sécurité, rendue progressivement obligatoire en France, à l'avant pour les constructeurs en 1970 et pour les utilisateurs entre 1973 et 1979. Cette mesure avait, elle aussi, été critiquée violemment, au moyen d'arguments trompeurs même s'ils apparaissaient fondés. Ainsi, on reprochait à la ceinture de coincer les automobilistes dans l'habitacle en cas d'accident. Il y aurait eu quelques cas. En vérité, la ceinture permet justement aux automobilistes de ne pas être projetés contre le pare-brise au moment du choc, de ne pas perdre conscience, et donc de pouvoir s'extraire du véhicule. Est-ce que cette mesure pénalisait les possesseurs de véhicules qui n'en étaient pas équipés ? Est-ce qu'elle visait davantage les pauvres que les riches ? En tout cas, elle a sauvé un nombre considérable de vies.

L'enjeu du débat dépasse à la fois le cadre de l'automobile et celui de la France. Pour le montrer, je ferai appel à l'un des auteurs les plus controversés de l'écologie : le Danois Bjørn Lomborg. Celui-ci s'est fait une renommée en publiant en 2001 un livre intitulé *The Skeptical Environmentalist* (L'écologiste sceptique). Ce brûlot est vite devenu la référence de celles et ceux qui doutent de la réalité du réchauffement climatique, de son origine humaine, de notre capacité ou encore de notre intérêt à lutter contre le phénomène. En ce sens, il a joué un rôle négatif majeur dans la réaction au changement climatique et il reste marqué d'un profond opprobre. Bjørn Lomborg est une sorte de Claude Allègre international. Tous deux ont, d'ailleurs, été accusés de falsifier des documents scientifiques.

Aujourd'hui, le Danois dirige à Copenhague un institut sur l'évaluation des politiques publiques. S'il est revenu sur certaines de ses affirmations contre le réchauffement climatique, il continue de critiquer les écologistes au nom d'une autre écologie. Bref, il est l'ancêtre du discours sur l'écologie punitive. Il publie régulièrement des textes invitant à investir dans la recherche sur les énergies renouvelables, ce qui serait bien plus efficace, selon lui, pour lutter contre le changement climatique que les subventions accordées par les États[11].

On peut évidemment discuter des conclusions de ce « sceptique » que certains préfèrent appeler « négationniste » du climat. Mais la méthode et l'ambition – mesurer l'efficacité économique de l'action écologiste pour tenter de l'améliorer – sont pertinentes et nécessaires.

Ce genre d'évaluation n'a, en fait, rien d'original. En France, la Cour des comptes évalue l'efficacité des politiques publiques et les comptes des institutions depuis bien longtemps. Les commissions de l'Assemblée nationale ou du Sénat font de même. Des études sur le coût du nucléaire, le fonctionnement des éco-organismes de recyclage ou l'évaluation des politiques publiques de lutte contre la pollution de l'air se sont multipliées ces dernières années[12].

Un document essentiel a été publié en 2013 par la Cour des comptes : rapport sur « La politique de développement des énergies renouvelables » qui fit grand bruit, même si, finalement, il ne faisait que confirmer ce que tout le monde savait. Il pointait les incohérences ou les ratés des politiques publiques qui, malgré leurs bonnes intentions, n'avaient mené qu'à des résultats au mieux insuffisants[13].

« En matière solaire photovoltaïque, peut-on lire dans ce rapport, la succession des arrêtés tarifaires publiés depuis 2006, et notamment entre 2010 et 2011, ainsi que le moratoire de décembre 2010 ont introduit une grande instabilité dénoncée par les professionnels. D'abord très favorable au développement des installations, le cadre juridique s'est ensuite durci, pour freiner le rythme de développement des capacités. [...] Après une première série de mesures de soutien favorables aux producteurs, les autorités ont pris des mesures plus restrictives, destinées à limiter le coût pour la collectivité. Cette politique de l'urgence, développée en réaction aux événements, va à l'encontre de la nécessaire stabilité à long terme du cadre juridique pour engager des projets sur quinze à vingt ans. »

« La Cour recommande que soient réalisés des arbitrages entre les filières, pour privilégier les plus efficientes. Il ne lui appartient naturellement pas de proposer un mix énergétique. Mais elle recommande que les moyens soient réorientés, en particulier le dispositif de prix d'achat garanti et les subventions du fonds chaleur. Cette réorientation pourrait avant tout bénéficier aux filières les moins coûteuses au MWh produit, tout en veillant à préserver et à structurer les filières industrielles française et européenne, soutenir l'emploi et limiter les importations. »

Ce dernier point fait écho à un sujet bien connu : à savoir que les subventions françaises et européennes ont encouragé l'industrie chinoise des énergies renouvelables. Cette situation regrettable tient au fait qu'à l'époque, on a privilégié une augmentation rapide des équipements et par conséquent des coûts bas et l'importation de panneaux solaires chinois. En encourageant le développement d'une capacité locale de production, et donc la recherche, on aurait obtenu une baisse moins forte et moins rapide des coûts, mais soutenu une industrie locale. Au contraire, les subventions ont suscité une « bulle » d'installateurs qui a explosé après quelques années et dont il ne reste presque rien aujourd'hui.

Le cas n'est pas franco-français : à l'issue d'une étude sur les impacts de l'*Energiewende*, la transition énergétique allemande, une commission parlementaire allemande a conclu sans ambiguïté que les subventions aux énergies renouvelables n'encouragent pas l'innovation. La commission affirme dans la conclusion de son rapport « ne pas avoir trouvé d'impacts positifs générés par ces subventions en matière d'innovation verte[14] ».

L'analyse de l'efficacité peut être appliquée à une infinité de champs et certaines études mettent parfois en évidence des vérités surprenantes, voire contre-intuitives. C'est notamment le travail d'Esther Duflo (qui n'a aucun lien de parenté avec Cécile Duflot, ancienne secrétaire nationale des Verts). Cette chercheuse française dirige un laboratoire d'une trentaine de personnes au MIT, baptisé J-Pal ou laboratoire d'action contre la pauvreté. Il ne porte pas sur l'environnement mais sur l'aide au développement. Reste que la méthode possède une pertinence globale. Les recherches de ce laboratoire reposent sur le postulat que l'efficacité des programmes sociaux serait nettement améliorée si les décisions politiques étaient fondées sur des preuves scientifiques rigoureuses.

À distance des réflexes partisans, la chercheuse aborde ainsi le défi du combat contre la pauvreté comme une série de problèmes concrets qui, une fois identifiés et compris, peuvent être résolus un à un. Comment rendre plus efficace chaque euro dépensé ? Que faire pour améliorer l'éducation dans les pays pauvres : créer de nouvelles écoles ? Grace à sa nouvelle grille d'analyse, elle montre combien il est parfois nécessaire de penser hors des sentiers battus.

Parmi les nombreux exemples qu'elle donne, prenons celui de l'éducation. Quelles sont les meilleures solutions pour améliorer l'accès à l'éducation dans les pays pauvres ? « Les premières sont les mesures habituelles, engager des professeurs, financer la cantine, les uniformes, les bourses. [...] Pour 100 dollars, vous obtenez entre une et trois années supplémentaires d'éducation. [...] Mais voilà le résultat le plus surprenant. Dans les endroits où il y a des vers intestinaux, soignez les enfants. Pour chaque 100 dollars, vous créez presque 30 années supplémentaires d'éducation. Ce n'est pas ce que votre intuition aurait dit. Ce n'est pas ce que les gens auraient fait. Et pourtant ces programmes marchent[15]. »

Mesurer l'efficacité des mesures écologistes est essentiel pour une raison supplémentaire, celle du poids des lobbys. Les avocats de l'industrie et de l'automobile en particulier disposent en effet de moyens sans commune mesure avec ceux de leurs contradicteurs.

Ils peuvent mobiliser l'opinion et faire croire qu'ils défendent l'intérêt général quand ils ne prêchent en fait que pour eux-mêmes. L'économiste suédois Thomas Sterner, qui donnait au Collège de France des cours sur ce sujet, l'a montré en menant une étude comparative sur les effets des taxes sur les carburants dans toute une série de pays. Il montre que dans la quasi-totalité des cas, une augmentation des prix touche davantage les riches que les pauvres mais il remarque dans le même temps que c'est souvent exactement l'inverse qui est perçu, les groupes industriels réussissant à faire passer ces mesures pour « antisociales[16] ».

Il n'est pas du ressort de cet ouvrage de définir ce qui est juste et ce qui ne l'est pas, ni de séparer ce qui est efficace de ce qui est contre-productif. En revanche, il importe d'insister pour que les questions de justice et d'efficacité soient posées de manière claire, argumentée et constructive au cœur des débats écologistes. Or, la variété des approches et des points de vue amène une variété au moins aussi importante de façons de faire de l'écologie. Alors que sur les dernières décennies, l'écologie dite politique s'est structurée autour d'un discours unique, cette approche ouvre la voie à une nouvelle pluralité.

Certes, l'écologie en France s'est ancrée profondément à gauche, avec les Verts. Mais en y regardant bien, il est possible de distinguer dans l'histoire politique française une multiplicité de personnalités ou d'organisations écologistes qui ont défendu des visions différentes de celle des Verts.

La diversité profonde de l'écologie, qui réapparaît actuellement, est donc à la fois la cause et la conséquence de l'écologie punitive. Elle est concomitante de l'émergence d'offres politiques concurrentes sur ce thème dans les partis de gauche ou de droite, c'est-à-dire de la tentative de diverses organisations politiques de s'approprier cette problématique. Mais elle est aussi la conséquence de l'émergence de la question de la justice en son sein. Dans tous les cas, c'est l'occasion d'un renouvellement profond et nécessaire.

Quatrième partie

Écologie prométhéenne

Chapitre 8

Prométhée et l'écologie

Autre aspect de l'accusation d'écologie punitive : le rapport à la science et à la technologie. L'écologie ou le principe de précaution seraient des obstacles au progrès.

Citons par exemple Dominique Reynié, directeur général de la Fondation pour l'innovation politique, et candidat malchanceux LR-UDI aux dernières élections régionales. « Schématiquement, on peut distinguer l'écologie punitive, volontiers culpabilisante, qui programme la décroissance, et entend limiter l'homme dans ses élans, ses projets, ses inventions ; et puis il y a une écologie fondée sur les ressorts de l'humanité, qui suppose de concilier préservation de l'environnement et satisfaction de l'intérêt du consommateur, du producteur, du citoyen qui veut aller et venir librement. Concrètement, cela signifie que loin de contraindre la recherche et l'innovation, il faut y investir massivement[1]. »

Cette citation illustre l'une des objections majeures faites à l'écologie punitive. Une objection qui revient sans cesse, et qu'il convient donc de traiter : celle d'une opposition à l'innovation.

Faut-il se priver des énergies renouvelables, hautement technologiques, pour lutter contre le réchauffement climatique ? Faut-il condamner les voitures électriques dans notre combat contre la pollution de l'air ? Faut-il renoncer aux techniques – moins clinquantes mais très exigeantes – de la permaculture ou de l'agroécologie pour nourrir les 10 milliards d'humains que va bientôt compter notre planète ?

Les progrès technologiques ont manifestement engendré des dangers majeurs : le nucléaire, les pesticides, les perturbateurs endocriniens ou la pollution de l'air. Mais dans le même temps, la solution à ces problèmes n'est pas envisageable sans les technologies. C'est le cas du réchauffement climatique face auquel il s'agit de trouver de nouvelles manières de produire et de consommer en utilisant moins d'énergie ou une énergie moins émettrice de gaz à effet de serre. C'est également le cas dans le domaine de la pollution de l'air : les transformations technologiques majeures qui secouent actuellement le secteur, des moteurs électriques aux véhicules autonomes, font davantage que les hésitations des gouvernants. Il n'est pas question d'encenser le Progrès comme au XIXe siècle, mais de bien mesurer que si les technologies sont à l'origine du problème, elles contribuent également aux solutions.

Il faut donc mobiliser la figure de Prométhée, qui hante l'écologie européenne depuis 1979, année de publication d'un livre fondateur : *Le Principe responsabilité*, du philosophe allemand Hans Jonas. Le texte donnera naissance, un peu plus tard, au principe de précaution – c'est dire son importance. Le livre, qui discute de la responsabilité de l'espèce humaine face à des risques qui pourraient l'annihiler (la puissance nucléaire en particulier), est l'un des ouvrages fondamentaux de la pensée écologiste européenne.

Le livre s'ouvre ainsi : « Le Prométhée définitivement déchaîné, auquel la science confère des forces jamais encore connues et à l'économie son impulsion effrénée, réclame une éthique qui, par des entraves librement consenties, empêche le pouvoir de l'homme de devenir une malédiction pour lui[2]. »

Ces quelques lignes ont sonné le glas du titan plus radicalement que ne l'ont fait les foudres de Zeus. Car bien que Jonas ne prononce son nom qu'une seule fois dans son ouvrage, celui qui était pourtant l'allié des hommes fut immédiatement mis au ban de la société écologiste. Il faut le réhabiliter. Et ce faisant, renouer les liens entre écologie, technologie et humanisme.

Dans la mythologie grecque, Prométhée est un titan. Son nom signifie le prévoyant, celui qui pense avant, par contraste avec son frère, Épiméthée (qui pense après – une figure de style à connotation péjorative très nette).

Alors qu'Épiméthée a donné de nombreux talents aux animaux, et aucun aux hommes, Prométhée, qui s'est entiché de notre espèce, défie les dieux et nous aide. Il vole à Zeus le feu sacré de l'Olympe, métaphore de la connaissance et de la technologie, et nous le donne, avec l'aide d'Athéna. Cet acte le condamnera à être enchaîné à un rocher, où un rapace viendra lui dévorer le foie tous les jours – jusqu'à ce qu'Hercule le délivre.

Prométhée symbolise ainsi d'une part la technologie et la domination humaine du monde et d'autre part la révolte contre le divin. Pour les Lumières, il est un symbole positif et libérateur. Voltaire lui consacre un opéra

(*Pandore*, en 1768) et Goethe l'un de ses poèmes de jeunesse les plus forts et les plus connus (*Prometheus*)[3].

À l'inverse, les croyants (y compris le pape François dans sa récente encyclique) y voient le symbole de l'orgueil, de l'*hubris*, cette folle tentation de l'homme de se mesurer aux dieux et de s'élever au-dessus de sa condition.

Hans Jonas, penseur chrétien, et les philosophes allemands qui se sont intéressés à la technologie mettent en garde, avec raison, contre les dangers de cette *hubris*, mais la dimension libératrice de la technologie doit être retrouvée.

Chapitre 9

Vive l'innovation

L'héritage de Jonas dans l'écologie française est tellement prégnant que l'on serait tenté de croire que l'opposition écologiste à la technologie est inévitable. Il n'en est rien. En portant notre regard un peu plus loin, il est possible de découvrir une écologie favorable à la technologie.

Ce courant est très largement répandu en Amérique du Nord, où il est représenté par plusieurs personnalités emblématiques, notamment politiques comme Al Gore ou Arnold Schwarzenegger. Citons également Amory Lovins et Jeremy Rifkin. Le premier dirige un institut de recherche réputé. Le second est un essayiste, un spécialiste des technologies, et a publié des ouvrages qui font référence comme *L'Âge de l'accès* ou *La Troisième Révolution industrielle*. En Europe, il a été le conseiller de Romano

Prodi et du Conseil régional des Hauts-de-France ; il a également été l'oreille d'Angela Merkel.

À l'inverse, la pensée écologiste en Europe continentale se nourrit de penseurs hostiles à la technologie. Le plus important d'entre eux est Ivan Illich, qui a développé le concept de contre-productivité : les institutions (et la technologie) deviennent aliénantes passé un certain stade. « Lorsqu'une activité outillée dépasse un seuil défini par l'échelle ad hoc, elle se retourne d'abord contre sa fin, puis menace de destruction le corps social tout entier[4]. » Ce principe est illustré par un calcul célèbre : en prenant en compte le temps passé dans les embouteillages mais aussi le temps passé à entretenir sa voiture et surtout le temps à travailler pour l'acquérir, la vitesse d'un automobiliste dans sa voiture ne dépasse pas 6 km/h ! (Les chiffres, actualisés, donnent une vitesse de l'ordre de 15 km/h, ce qui reste ridiculement faible.) Quant aux menaces que fait peser l'automobile sur la société tout entière, il est aisé aujourd'hui encore de les imaginer : entre pollution de l'air, urbanisme centré sur la voiture et folie de l'or noir[5].

L'opposition écologiste n'est toutefois pas une hostilité de principe à la technologie ou au progrès – à de rares exceptions près. C'est une mise en garde contre ses dangers et une critique de ses conséquences économiques ou sociales. Ainsi, la plupart des opposants aux OGM, comme Vandana Shiva, militante indienne et figure internationale de ce combat, insistent sur la question de l'appropriation des semences et du modèle économique sous-tendu par les OGM : ils dénoncent le fait que les paysans soient dépossédés de leur récolte et de leur savoir-faire par des multinationales.

La critique écologiste de la technologie est donc souvent politique : elle a pour cible le capitalisme. C'est un point anticipé par Ulrich Beck : « L'enjeu véritable du débat public sur la définition des risques [ne concerne] pas uniquement des problèmes sanitaires induits par la modernisation qui frappent la nature et l'homme, mais des effets sociaux, économiques et politiques induits[6]. »

Si les écologistes sont opposés à certaines technologies, ils en défendent d'autres, comme bien sûr celles des énergies renouvelables. Éoliennes et panneaux solaires sont ainsi devenus en quelque sorte les symboles de l'écologie moderne. La question n'est donc pas d'être pour ou contre la technologie, mais plutôt pour ou contre quelle technologie et dans quel contexte.

L'énergie solaire en est le meilleur exemple : le Soleil envoie sur Terre en une heure davantage d'énergie que l'humanité n'en utilise en un an. Le potentiel de cette énergie abondante et renouvelable est immense ; elle croît à mesure que son coût diminue. Les chiffres sont éloquents : la production a été multipliée par 20 depuis le début du siècle et atteint presque 400 GW – même si elle ne représente encore qu'environ 1 % de la production d'énergie mondiale. Et avec cette croissance, ce sont également des brevets (environ 2000 par an) et des investissements – 286 milliards de dollars en 2015[7].

Entre 1992 et 2012, l'électricité produite à partir de l'énergie solaire a été multipliée par 300, celle à partir de l'énergie éolienne par 30. Quant aux agrocarburants, qui sont également une forme d'énergie renouvelable dépendante du Soleil, ils ont été multipliés par 3000[8].

Cette évolution est associée à une transformation économique majeure : le coût des énergies renouvelables baisse rapidement.

Dans de nombreux cas, il est devenu inférieur à celui du nucléaire et à celui des autres sources d'énergie. C'est ainsi qu'aux États-Unis, les chiffres du ministère de l'Énergie indiquaient en 2015 que le coût de l'électricité éolienne était de 2,35 cents par kWh, une baisse de 60 % par rapport à 2009[9] !

Pour autant, le développement des énergies renouvelables ne représente encore qu'une toute petite partie de la révolution en cours. C'est la partie émergée de l'iceberg, la partie visible d'une transformation bien plus profonde qui porte un nom : celui de « transition énergétique ». C'est aussi l'un des sujets écologiques les plus débattus ces derniers temps, en particulier avec le sommet climatique international de Paris de décembre 2015 (COP21). Mais trop souvent, les gens ont du mal à comprendre de quoi il s'agit vraiment. Il est certes question de panneaux solaires et d'éoliennes, mais aussi de mix énergétique, de scénarios à vingt ou cinquante ans. Le sujet ressemble vite à des discussions techniques entre spécialistes et ingénieurs.

Qu'est-ce donc au juste que la transition énergétique ? Il existe une infinité de définitions, mais la plus intéressante est celle-ci : la transition énergétique est le programme Apollo du XXIe siècle.

Pour rappel, le projet Apollo a été lancé par le président John Fitzgerald Kennedy en 1961, et a duré une quinzaine d'années. Lancé en pleine guerre froide, alors que les Soviétiques ont pris une longueur d'avance dans la conquête de l'espace, avec Spoutnik et le premier vol habité de Youri Gagarine. Le programme américain consiste à rattraper ce retard et à le faire de manière symbolique, en envoyant des hommes sur la Lune, objectif atteint en 1969, avec les célèbres pas de Neil Armstrong et Buzz Aldrin. Le projet a mobilisé et dynamisé une part conséquente de la recherche et de l'industrie américaines. Il aurait coûté plus de 100 milliards de dollars (équivalent de 2005)[10].

De la même manière, la transition énergétique est un défi technologique sans précédent. Il s'agit de réinventer notre manière de produire de l'énergie, mais aussi de la consommer et de la transporter. C'est-à-dire de transformer la quasi-totalité de notre appareil de production.

Le budget est probablement plus important encore, d'autant que l'on se place non pas seulement à l'échelle d'un pays, mais à celle d'un continent, voire de la planète.

L'avocat le plus éloquent mais aussi le plus pénétrant de cette idée est Amory Lovins. S'il est peu connu en France hors des réseaux écologistes, c'est une véritable personnalité aux États-Unis. Il a créé, dans le Colorado, le Rocky Mountain Institute, qui est le creuset de l'ingénierie écologiste mondiale. C'est lui, notamment, qui a mené un chantier hautement symbolique : la rénovation écologique de l'Empire State Building : une rénovation qui a permis au célèbre gratte-ciel de diminuer de presque 50 % sa consommation d'énergie – les investissements ont été rentabilisés en moins de deux ans.

Amory Lovins est l'auteur d'un livre intitulé *Réinventer le feu*. C'est une autre manière de définir la transition énergétique, plus poétique. En ouverture de son livre, l'ingénieur et expert se laisse même aller au lyrisme : « Le feu "ancienne manière" était puisé sous nos pieds. Le nouveau vient d'au-dessus de nous. Le premier était rare, le nouveau est abondant. Le premier était local, le nouveau est universel. Le premier était éphémère, le nouveau est inépuisable. Et à l'exception des biocarburants, du biogaz et de la biomasse, tous durables, le nouveau feu ne produit pas de flamme. Il fournit tous les services pratiques et fiables du feu “ancienne manière”, sans combustion[11]. »

Il poursuit un peu plus loin : « L’espèce humaine a entamé l’évolution la plus importante de son histoire en matière d’infrastructures, mêlant énergie, technologie de l’information et idées neuves, progrès techniques et avancées sociales, provoquant étonnement sur étonnement et les associant pour en déclencher de nouveaux encore. Et c’est au cours de la prochaine décennie, capitale, voire des toutes premières années qui s’annoncent, que seront faits les paris les plus importants, que seront jetées les bases de leur réussite et que leurs résultats seront exploités pour mieux se déployer au milieu du siècle. »

Mais même ce chantier titanesque n’est encore qu’une partie de l’enjeu technologique. L’un des autres chantiers, c’est la ville de demain : inventer et construire des villes connectées, efficaces, agréables à vivre. Y assurer l’approvisionnement en nourriture, en produits manufacturés, mais aussi en eau, en énergie, récupérer et recycler les déchets, etc.

Les défis sont immenses quand on sait que depuis 2007 plus de 50 % de la population mondiale vit en ville et que chaque année, elle continue de croître. Des villes comme Dacca au Pakistan sont passées de 300 000 à 13 millions d'habitants en cinquante ans, la Chine construit 1 milliard de mètres carrés de logements chaque année…

De très nombreuses entreprises françaises sont à la pointe dans ce secteur : Bolloré, JC Decaux, Schneider Electric, Engie, Dengremont, Saint-Gobain emploient des dizaines de milliers de personnes dans le monde et leur chiffre d'affaires se compte en dizaines de milliards d'euros. Ce sont les leaders mondiaux dans leur domaine.

Pour en revenir à la comparaison avec le projet Apollo, il existe donc bien un complexe industriel qui permettra la transition énergétique. Et si de grands groupes en sont les éléments les plus connus, ils cohabitent avec une myriade de plus petites entreprises qui créeront les emplois de demain.

Mais la transition écologique, c'est bien plus qu'une révolution technologique. Encore une fois, l'automobile nous en fournit un exemple. Avec la voiture électrique apparaît aussi la voiture autonome, sans pilote, et la voiture devient un service. On n'est plus propriétaire de sa voiture, mais on peut en utiliser une à volonté. Les usages évoluent radicalement.

L'autopartage ou le covoiturage – jadis des lubies écologistes – commencent à devenir réalité. Le site BlaBlaCar, dirigé par Frédéric Mazzella, a aujourd'hui un chiffre d'affaires de 10 milliards d'euros par an. Il revendique 20 millions de membres dans 19 pays, et BlaBlaCar est devenu le leader mondial.

Les entrepreneurs de la transition sont parfois des jeunes qui rêvent de devenir millionnaires comme tous les entrepreneurs du Net. Mais ce sont aussi des capitaines d'industrie comme Elon Musk, qui a tout des grands magnats de l'industrie du début du XXe siècle : Telsa, sa marque de voitures électriques, est désormais plus valorisée que Renault…

La plupart de ces transformations ne sont possibles qu'à la condition d'une innovation sociale intense, d'une évolution dans les usages ou les pratiques qui, elle-même, n'est possible que par les nouvelles technologies…

Il faut ajouter une autre dimension à cette transformation : celle de l'innovation culturelle. Elle émerge, encore timidement, comme l'un des moteurs de la transformation à venir. Certains pensent même à en faire un des piliers du développement durable, qui, rappelons-le, est habituellement assis sur trois piliers : l'économie, l'écologie et le social.

Prendre en compte la dimension culturelle dans l'alimentation c'est, par exemple, protéger la richesse des traditions gastronomiques de la société française, et défendre les modes de production alimentaire qui leur sont associés, comme les appellations d'origine contrôlée, qui associent économie agricole, savoir-faire locaux et environnement. Dans certains cas, l'imbrication est encore plus étroite. Pour améliorer la sécurité alimentaire de plusieurs pays d'Afrique, on recommande une diversification des aliments, diversification qui a été mise à mal par les importations de riz ou de maïs à bas prix, aux dépens des productions locales. Mais relancer les cultures locales de légumes implique que les populations redécouvrent des recettes pour cuisiner ces aliments, y prennent goût, aient envie de les consommer, etc. Autant de recettes qu'ils ont parfois oubliées et que certaines associations écologistes tentent de leur faire retrouver. L'enjeu est autant culturel qu'environnemental, économique ou social[12].

En définitive, il faut sortir de la vision exclusivement technologique de l'innovation. Car la créativité est aussi sociale, politique, culturelle, et artistique. Et vue sous cet angle, c'est aussi la plus importante de toutes les ressources renouvelables dont nous disposons sur Terre – elle est présente, au moins un peu, en chacun des milliards d'êtres humains qui peuplent notre planète, comme l'écrit le techno-gourou américain Ramez Naam[13]. C'est elle qui permettra l'émergence des nouvelles formes politiques et sociales que l'écologie attend.

Chapitre 10

Un nouveau regard sur le principe de précaution

Intimement lié à la question de l'innovation, le principe de précaution est souvent considéré comme un point d'achoppement et un symbole de l'écologie punitive. Le débat est extrêmement virulent et a connu les mêmes emportements que peut connaître aujourd'hui celui sur la voiture. Toutefois, il faut faire entendre une vérité négligée tant par ses partisans que par ses détracteurs : le principe de précaution n'a pas l'importance qu'on veut souvent lui attribuer ! Ni en bien ni en mal. Il n'a jamais empêché aucune activité économique, industrielle ou technologique que ce soit. Il est invoqué de part et d'autre mais le nombre de décisions de justice en France y recourant est infime[14]. C'est un chiffon rouge qu'il suffit de sortir de sa poche pour susciter la furie de ses adversaires. Mais c'est en fait un terme assez creux. Celles et ceux qui font de sa suppression un enjeu essentiel de la compétitivité des entreprises se trompent de combat. Tout autant que celles et ceux qui font de son maintien un enjeu fondamental de la protection de l'environnement.

Parmi les nombreuses ambiguïtés à lever dans ce débat, il est nécessaire de dissiper la confusion qui règne parfois entre prévention et précaution. La première porte sur des risques connus, au moins partiellement, et contre lesquels il est nécessaire de se prémunir. La seconde porte sur les risques inconnus. La prévention n'a rien d'écologique ; ce n'est pas un principe abstrait mais une démarche pratique que les collectivités et même les particuliers mettent en œuvre. Les exemples sont nombreux : une zone fortifiée pour empêcher une invasion, des préservatifs contre les MST, ou un casque contre les accidents de la route, etc. Dans les entreprises, la gestion des risques (qu'ils soient juridiques, techniques, concurrentiels ou autres) fait désormais partie du quotidien.

Mais l'essentiel est ailleurs. Pour dépasser les oppositions stériles, il faut, encore une fois, revenir à Ulrich Beck, et à la définition même du risque. Le sociologue allemand écrit : « Bien entendu, les risques ne sont pas une invention de l'époque moderne. Lorsqu'on partait – comme Christophe Colomb – à la découverte de nouveaux pays et de nouveaux continents, on prenait des "risques". Mais il s'agissait de risques personnels et non de situations globales de menace telles que celles que représentent pour l'humanité la scission de l'atome ou le stockage de déchets nucléaires [...]. À l'époque le mot "risque" était associé à des notions comme le courage et l'aventure, et pas à l'éventuelle autodestruction de la vie sur terre[15]. »

Cette distinction fonde les oppositions sur le principe de précaution. Elle sépare, d'une part, celles et ceux pour qui le risque, dans le sens premier du terme, celui qui convoque Christophe Colomb, est une valeur positive. Ce sont les entrepreneurs, les inventeurs, les explorateurs du monde moderne, ou ceux qui peuvent s'identifier à eux. Ce sont aussi des sujets qui trouvent leur intérêt à « prendre » un risque. Il peut leur apporter richesse ou renommée. Ce risque est à la base de l'idéologie de l'entreprise.

D'autre part, il y a ceux pour qui le risque, social, est connoté négativement. Il est diffus et ressenti par des personnes qui n'ont pas pris part au processus positif du risque et qui n'en tireront pas profit. (« Les situations d'exposition au risque ne sont plus cantonnées à leur lieu d'apparition – l'usine ».) Il s'agit, par exemple, de ceux qui habitent à côté d'une centrale nucléaire ou d'une installation industrielle. Beck met le doigt sur la différenciation sociale des risques. Généralement, les pauvres sont plus exposés au risque, car ils n'ont pas les moyens d'y échapper – par exemple en partant à l'autre bout du pays, ou en arrêtant de manger des fruits et légumes contaminés. Ils n'ont pas de capacité d'adaptation ou de réaction, ou en ont moins.

Ainsi s'éclaire l'opposition entre ceux qui prennent des risques et ceux qui les subissent, entre partisans et opposants du principe de précaution. Et souvent aussi entre gauche et droite.

Ceux qui ont négligé cette distinction introduite par Beck placent le débat autour d'une opposition entre partisans et opposants du risque ou du progrès. Ils transforment les écologistes en luddistes, ce qu'ils ne sont pas nécessairement. Ils illustrent, à leurs dépens, cette phrase, déjà citée, du sociologue : « Faire abstraction des réalités et des conséquences sociales, politiques et culturelles des risques », c'est ramener « la modernité [...] à une opposition entre technique et nature ».

La difficulté que pose le problème moderne du risque est qu'il est diffus, comme le sont les solutions. La gauche voit parfois dans la critique du risque une sorte d'anticapitalisme nouvelle manière, un moyen de diaboliser les grandes entreprises. Dans le cas de la pollution de l'air, il semble évident que les constructeurs automobiles qui ont trafiqué les moteurs doivent être punis. Mais chaque automobiliste sait qu'il émet des gaz et des particules toxiques quand il prend son véhicule. Ne devrait-il pas plutôt prendre son vélo ou les transports en commun ? Quant aux pouvoirs publics qui ne prennent pas les mesures nécessaires pour limiter la pollution, voire qui proposent des subventions pour acheter des voitures diesel ? La question du risque amène celle de la responsabilité.

Une fois cela posé, on peut enfin répondre au reproche principal adressé au principe de précaution : il freinerait le progrès, la recherche, la technologie, etc. Bref, il serait antiscientifique. En fait, c'est exactement l'inverse. La précaution cherche à se transformer en prévention : elle invite à connaître les risques, à mettre en œuvre des moyens pour tenter de les évaluer. C'est un principe de connaissance.

Le processus semble normal dans un certain nombre de cas, par exemple lorsqu'une société pharmaceutique découvre une nouvelle molécule aux propriétés thérapeutiques potentiellement intéressantes. Il lui revient d'étudier les éventuels problèmes que le nouveau produit pourrait provoquer : c'est une obligation de recherche, pas une interdiction.

Comme l'écrivent Catherine et Raphaël Larrère : « Cela correspond à l'objectif du principe de précaution : imposer à des organismes ou à des entreprises une obligation de faire des recherches, sinon ils resteront dans la routine du développement spontané des connaissances, ou du marché, qui consiste à laisser les choses continuer d'elles-mêmes, sans attention particulière[16]. »

Pourquoi un tel malentendu ? Tout d'abord parce que les recherches qu'encouragent les écologistes portent en général sur la toxicité de telle ou telle molécule. Et non pas sur son efficacité. La seconde raison est que ces recherches se situent dans un contexte de méfiance réciproque des acteurs. Les études des entreprises sont soupçonnées d'être à décharge, celles des écologistes d'être à charge et de manquer de rigueur. Il manque une expertise indépendante et reconnue par tous.

Il faut ici rendre hommage à Michèle Rivasi, qui a créé, après l'accident de Tchernobyl, le premier laboratoire indépendant de recherche sur la radioactivité, baptisé Criirad, aujourd'hui certifié par le ministère de la Santé et reconnu dans le monde entier. Alors que le nuage de Tchernobyl s'était officiellement arrêté à la frontière, il fallait trouver d'autres manières d'accéder à la connaissance. Michèle Rivasi a fait ainsi figure de pionnière. Dans le cas des OGM, le principe de précaution a aussi été invoqué pour mener des études de toxicité. Mais les études menées par le Criigen (une référence explicite au Criirad) n'ont pas su trouver la même autorité.

Aujourd'hui, le meilleur exemple d'expertise indépendante reste celui d'Airparif, l'association chargée de surveiller la qualité de l'air en Île-de-France, et qui opère dans le cadre de la loi sur l'air de 1996. Financée par l'État, les collectivités et les industriels, elle dispose d'une expertise reconnue internationalement. Et la preuve de son succès tient à ce que lors des débats houleux autour de la piétonnisation des berges de Paris, défenseurs et opposants ont tous invoqué ses résultats. (J'ai la chance de travailler pour Airparif, mon jugement pourrait manquer d'objectivité.)

Finalement, l'enjeu est encore une fois celui de la connaissance : savoir qu'il existe une relation entre les actes et les conséquences. En convaincre les acteurs, quels qu'ils soient. Responsabiliser particuliers, entrepreneurs, ou pouvoirs publics. Avec cette difficulté, qu'explique Ulrich Beck : « Les présomptions causales se soustraient par définition à la perception [...]. C'est aussi en ce sens qu'il faut comprendre le caractère invisible des risques. La causalité supposée reste toujours plus ou moins incertaine ou transitoire. »

Une fois cela posé, il est possible de discuter autrement du principe de précaution ou de responsabilité. Car il ne s'agit plus d'un concept aveugle et punitif, mais d'une invitation à l'action.

Chapitre 11

Le principe de responsabilité

Il est temps de relier les principaux concepts que nous avons évoqués autour de deux idées qui se répondent : le principe de responsabilité et le principe pollueur-payeur.

Le premier est souvent opposé par la droite française au principe de précaution. Nicolas Sarkozy déclarait encore en 2016 que « le principe de précaution devenu principe d'inaction doit être remplacé par le principe de responsabilité[17] ». Son ancien Premier ministre, François Fillon, en a défendu l'idée lors de la présidentielle de 2017. Bien entendu, il ne s'agit pas ici d'une référence au livre de Hans Jonas. Mais plutôt d'un retour sur la définition du risque. Le principe de responsabilité, sous cette forme, s'inscrit dans le prolongement direct du risque de l'entrepreneur ou de l'explorateur. Il s'agit d'un individu ou d'une institution qui prend une décision et en assume les conséquences.

Mais ce qui est trop rarement souligné, c'est que cette responsabilité est intimement liée au principe du pollueur-payeur, « selon lequel les frais résultant des mesures de prévention, de réduction de la pollution et de lutte contre celle-ci doivent être supportés par le pollueur », pour reprendre les mots du code de l'environnement[18].

Cet autre principe, qui semble parfois radical, a en fait été inventé par un économiste britannique libéral, Arthur Cecil Pigou, au début du XXe siècle, et a depuis été adopté par l'OCDE en 1972. Il figure même dans l'Acte unique européen signé en 1986. Rien là de gauchiste ou d'anticapitaliste, donc.

Ce principe est trop rarement appliqué avec la vigueur qu'il faudrait. Et pour cause : il est difficile d'évaluer précisément l'étendue des dommages causés, de prouver leur origine ou de faire payer les responsables – qui trouvent souvent des moyens de s'exonérer.

En France, l'exemple le plus marquant concerne la catastrophe de l'*Erika*. En décembre 1999, l'*Erika*, un pétrolier vétuste affrété par Total, sombre au large du Finistère et souille 400 kilomètres de côtes. 300 000 oiseaux environ sont tués. 250000 tonnes de déchets sont récupérées sur les plages. Après treize ans de procédure et grâce à l'action de Corinne Lepage, avocate des dix communes concernées, l'entreprise est finalement reconnue responsable et doit payer 200 millions de dommages et intérêts.

Mais aux États-Unis, des procès similaires prennent parfois une tout autre dimension. Le groupe BP, responsable de la catastrophe de Deepwater Horizon, dans le golfe du Mexique, a ainsi payé, presque immédiatement, environ 40 milliards de dollars. Quant à Volkswagen, qui a introduit des logiciels tricheurs sur ses voitures diesel, il a négocié rapidement 14 milliards d'amendes et d'indemnités avec le Département de la justice américain. Outre les montants faramineux, la rapidité des procédures est exemplaire[19].

D'autres exemples de sanctions contre les entreprises existent aux États-Unis, champion du libéralisme : la justice américaine a ainsi puni de 9 milliards de dollars BNP-Paribas pour avoir violé des embargos ; elle a infligé 25 milliards d'amendes à cinq banques américaines pour saisies immobilière irrégulières, et 11 milliards à la Bank of America pour avoir vendu des prêts immobiliers toxiques[20]...

Bien entendu, il n'est pas question ici de faire l'éloge du système judiciaire américain dans son ensemble. Mais il faut remarquer qu'un pays que l'on ne peut pas accuser d'être anti-business est capable de mettre en place des règles fortes et de sanctionner vigoureusement celles et ceux qui les enfreignent.

Or, et c'est l'un des paradoxes de la société française et du débat sur le principe de précaution, les pollueurs sont rarement punis. La situation actuelle encourage donc l'irresponsabilité.

Notons que les principes de pollueur-payeur et de précaution partagent un même objectif (protéger l'environnement) mais diffèrent au moins sur deux points. Le principe de précaution, en tout cas tel qu'il est perçu, s'applique à tous, même aux vertueux, et surtout avant qu'une éventuelle faute ait été commise. C'est une forme de justice préventive. À l'inverse, le principe du pollueur-payeur ne sanctionne que ceux qui fautent. Et les pollueurs ne sont punis qu'une fois leur forfait constaté : a posteriori. Les deux principes sont souvent perçus comme complémentaires, et sont cités ensemble dans le code de l'environnement. On pourrait tout à fait imaginer que certains préfèrent insister sur l'un plutôt que sur l'autre. Mais il faudrait alors prendre résolument la défense du principe pollueur-payeur. Or sa mise en œuvre nécessite que l'État se dote de moyens conséquents pour identifier les fauteurs et les punir.

On comprend les réticences des grandes entreprises. De nombreuses études détaillent comment les lobbys industriels s'y prennent pour s'exonérer de leurs responsabilités dans les crises qu'ils provoquent, qu'elles soient associées aux pesticides ou aux perturbateurs endocriniens, pour ne citer que ces exemples[21]. Ils freinent également le développement d'actions collectives en justice (*class actions*) en matière d'environnement et la mise en place d'une protection efficace pour les lanceurs d'alerte.

D'une manière ou d'une autre, la société doit pourtant se donner les moyens de neutraliser les comportements égoïstes et nuisibles à la société. Garrett Hardin a, une fois de plus, une intuition pertinente dans son texte sur « La tragédie des biens communs » : « Les dispositions sociales qui produisent la responsabilité sont les dispositions qui créent une contrainte, d'une forme ou une autre. » Et il l'illustre par cet exemple : « Considérez le cambriolage d'une banque. […] Comment empêchons-nous une telle action ? Certainement pas en essayant de contrôler le comportement [du voleur] par un appel verbal à son sens des responsabilités. [...] Nous recherchons les dispositions sociales définies qui l'empêcheront [...]. Que par là nous empiétions sur la liberté des voleurs potentiels nous ne le nions, ni le regrettons. » Il poursuit : « Pour beaucoup, le mot contrainte implique les décisions arbitraires de bureaucrates éloignés et irresponsables ; mais cela ne fait pas nécessairement partie de sa signification. La seule sorte de contrainte que je recommande est la contrainte mutuelle, mutuellement convenue par la majorité des gens affectés. »

Les mots de Hardin ouvrent un champ nouveau de réflexion sur l'écologie punitive, car ils invitent à s'interroger : comment s'assurer qu'une contrainte soit « mutuellement convenue » ? La question est particulièrement difficile dans la période actuelle, alors que notre modèle démocratique représentatif est à bout de souffle. Que l'écotaxe soit votée à l'unanimité par les députés – représentants élus du peuple – ne suffit pas à ce qu'elle soit acceptée. Que la piétonnisation des berges figure dans le mandat de la maire de Paris,

Anne Hidalgo – élue au suffrage universel –, ne suffit apparemment pas non plus.

Répondre à l'écologie punitive nécessite donc, également, de repenser notre démocratie, à l'heure des médias en continu, de Twitter, des pétitions en ligne et d'une crise profonde de notre système politique. Ce sujet sort largement du cadre de cet ouvrage, mais il n'est nullement étranger au développement durable. En 1992, lors du Sommet de la Terre à Rio qui en définit le cadre, il était ainsi déjà stipulé, au principe 10, que « la meilleure façon de traiter les questions d'environnement est d'assurer la participation de tous les citoyens concernés, au niveau qui convient[22] ».

Comment ? Dans le domaine politique aussi, nous avons besoin d'innovation et de créativité. La démocratie est une idée en mouvement qui a besoin d'être continuellement améliorée pour trouver la forme politique adaptée à notre temps. Les moyens de l'action publique sont donc également à reconsidérer. En particulier l'outil fiscal. Classiquement, l'impôt remplit trois fonctions : financière, sociale et économique. La première consiste à remplir les caisses de l'État pour financer les missions régaliennes (écoles, police...). La deuxième vise à corriger les inégalités en redistribuant les richesses (notamment au travers de la proportionnalité de l'impôt sur le revenu). La troisième agit comme instrument d'intervention économique pour orienter les comportements (augmenter la fiscalité sur les paquets de cigarettes va décourager les fumeurs ; remplacer l'ISF par un impôt orienté sur le capital immobilier va modifier les placements des plus riches).

C'est au niveau de cette troisième fonction que se situe le cœur de l'écologie punitive. Car les mesures qui s'appuient sur la dimension interventionniste de la politique fiscale reposent toutes, fondamentalement, sur une logique punitive.

En effet, elles ne visent pas à faire respecter une forme ou une autre de justice – comme, pour ce qui concerne l'environnement, le principe du pollueur-payeur. En augmentant les impôts ou les prélèvements, elles ne s'exercent pas seulement au détriment des personnes ; elles s'inscrivent dans une logique bien particulière : la punition est un moyen de changer les comportements. C'est redoutablement efficace, en général. L'exemple du prix des paquets de cigarettes est éloquent : selon l'OMS, « pour chaque augmentation de 10 % du prix de détail, la consommation diminue d'environ 4 % dans les pays à haut revenu et d'environ 8 % dans les pays à revenu faible ou intermédiaire[23] ».

Mais cette méthode est-elle appropriée aux questions environnementales ? Le problème est double : pour commencer, c'est évidemment le moyen le plus sûr de devenir impopulaire. Mettre en place une nouvelle mesure « punitive » revient à s'aliéner de nouvelles parties de la société. Ensuite et surtout, c'est le signe d'un échec : celui d'une écologie qui n'arrive pas à convaincre et qui a besoin de mettre en place des taxes ou des lois pour « inciter » les citoyens à agir, faute de parvenir à les persuader.

Mais les Français ne sont pas bêtes. Le succès populaire du discours sur l'écologie punitive tient au fait qu'ils savent qu'on essaie de leur faire faire quelque chose dont ils n'ont pas envie (comme changer leur mode de déplacement).

Comment sortir de cette impasse ? En rétablissant le principe du pollueur-payeur. Certaines décisions contraignantes pourraient être acceptées par le public si elles étaient considérées comme justes, c'est-à-dire proportionnelles à un problème donné. Même certaines formes d'interdictions ou d'impôts pourraient ainsi être acceptées (par exemple une taxe carbone modérée) si elles étaient bien réparties, s'il n'y avait pas d'exemptions choquantes, etc.

Or, pour ce qui est de la pollution de l'air, les opposants aux mesures contre les automobilistes utilisent souvent comme argument qu'ils ne représentent qu'une partie des émissions – ce qui est vrai. En déployant la même énergie contre les autres sources de pollution, ces mesures seraient peut-être plus facilement acceptées ! Bref – et ce sera le mot de la fin – en réintroduisant le principe de justice.

Conclusion

Emmanuel Macron a dynamité en quelques mois des partis qui s'étaient construits sur des décennies. Mais le cataclysme qu'il a déclenché a masqué une autre victime de l'élection présidentielle de 2017 : l'écologie française.

Pour la première fois depuis 1974, l'écologie n'était en effet représentée par aucun candidat, Yannick Jadot, de EELV, s'étant retiré en faveur de Benoît Hamon. À l'exception de quelques mentions, la thématique fut ignorée des débats télévisés de la campagne présidentielle. Disséquer la part des écologistes dans le minuscule résultat du candidat socialiste (6,3 %) est malaisé, et il faut constater que le score d'EELV-Les Verts n'a fait que chuter depuis dix ans dans les suffrages : il est passé de 16,3 % aux élections européennes de 2009 à 2,31 % aux présidentielles de 2012. Quant au groupe parlementaire écologiste, il a cessé d'exister en 2016. Et c'est un ancien présentateur et dirigeant associatif qui a été nommé ministre de l'Écologie du nouveau gouvernement.

En dépit de ses échecs électoraux et de la quasi-disparition de son principal représentant national, l'écologie a pourtant connu en quelques décennies un succès éclatant : elle a globalement pénétré l'ensemble de la société française. Chacun sait aujourd'hui que des menaces pèsent sur le climat et sur la biodiversité ou que la pollution nuit à la santé publique, par exemple.

Cette faiblesse politique est donc paradoxale. Elle dépasse la situation d'un parti écologiste à l'agonie et relève d'un mouvement historique profond.

L'écologie s'est construite à partir de la seconde moitié du XXe siècle comme une écologie des catastrophes. Elle réagissait aux crises provoquées par le monde industriel et alertait sur les dangers : nucléaire, pesticides, accidents industriels, marées noires, réchauffement climatique… À chaque fois, les écologistes ont joué le rôle de lanceurs d'alerte. Ils ont aidé à prendre conscience d'une menace. En cela, ils ont connu un succès indéniable : après un demi-siècle d'action, la société dans son ensemble est désormais informée des dangers auxquels elle est confrontée – du moins pour l'essentiel. C'est « la vertu pédagogique des catastrophes ».

Le temps est venu de proposer des solutions car le discours anxiogène des Cassandre ne suffit plus. La plupart des acteurs contemporains de l'écologie ne cherchent plus seulement à établir un bilan, mais à proposer des solutions, ou en tout cas des pistes d'action. L'écologie du XXe siècle était une écologie des catastrophes, celle du XXIe siècle sera celle des solutions.

Cette transformation entraîne une conséquence majeure. Quand l'écologie se donnait pour objectif de dénoncer des catastrophes ou des crimes, elle devait logiquement s'attacher à protéger son autonomie. Il fallait refuser les compromis et ne pas diluer sa parole, afin de porter plus haut et plus fort la critique du système. Maintenant que cette parole est omniprésente et qu'elle traverse l'ensemble du champ politique, l'isolement n'est plus nécessaire, il devient contre-productif.

En outre, quand l'objectif devient de transformer le monde, il faut trouver des alliés pour agir. Il faut pouvoir discuter avec les entreprises capitalistes qui produisent les panneaux solaires indispensables à la transition énergétique, ou avec la mairie ou la région, quelle que soit leur couleur politique. L'heure est à l'ouverture.

Qu'il faille des écologistes, et de plus en plus, c'est l'évidence. Mais qu'ils doivent s'organiser en un parti plutôt qu'en un mouvement ou un groupe de pression, qu'ils doivent s'allier avec tel ou tel parti, se positionner plutôt à gauche ou à droite ? La question est à nouveau posée. Elle rejoint le questionnement fondamental de l'écologie, posé il y a déjà plusieurs décennies : « Comment faire de la politique autrement ? »

Où chercher les réponses ? Des courants écologistes sont apparus dans la plupart des partis politiques, de gauche comme de droite ; un réseau bariolé d'ONG intervient dans la société ; des entreprises – start-up ou multinationales – s'emparent du sujet et changent la donne à leur manière. L'écologie est grande et variée, et les Verts n'en sont plus qu'un acteur parmi d'autres.

Dans ce contexte, les accusations d'écologie punitive sont comme autant d'aiguillons stimulant un renouvellement aussi profond que nécessaire. Elles invitent à construire une écologie qui cesse de demander des sacrifices pour se mettre au service de la société, qui devienne un moyen et non un but. Opérer ce basculement nécessite de changer les priorités et en particulier de placer les questions de santé, d'alimentation et d'emploi au premier plan, alors qu'elles sont aujourd'hui encore marginales dans le monde écologiste, loin derrière les questions de climat ou de biodiversité. Cela impose également de remettre la justice au cœur de la problématique écologiste, et de moderniser le rapport à l'innovation et au principe du pollueur-payeur. Et peu importe le nom que cette nouvelle écologie prendra, positive, incitative, ou prométhéenne, pourvu qu'elle ne serve pas d'alibi aux lobbys ou aux pollueurs.

Nous vivons une époque formidable : l'écologie française entre sous nos yeux dans un moment de renouveau intellectuel et politique comme elle n'en a pas connu depuis deux décennies. Briser l'ancien carcan permet d'explorer de nouvelles terres, d'aller chercher d'autres sources d'inspiration, de remettre en cause les idées reçues. Les nouveaux acteurs de l'écologie moderne expérimentent des manières différentes de transformer le monde. L'écologie devient elle-même un facteur d'innovation technologique, politique et culturelle.

L'écologie redevient une idée neuve.

Appendice

Pandore

Comme conclusion à un livre marqué par l'image de Prométhée, j'aimerais revenir sur le mythe de Pandore. On le sait, la jeune femme fut envoyée par Zeus comme un cadeau piégé à son frère, Épiméthée. Citons Hésiode : « Pandore, tenant dans ses mains un grand vase, en souleva le couvercle, et les maux terribles qu'il renfermait se répandirent au loin. L'Espérance seule resta. Arrêtée sur les bords du vase, elle ne s'envola point, Pandore ayant remis le couvercle, par l'ordre de Jupiter [...]. Depuis ce jour, mille calamités entourent les hommes de toutes parts : la terre est remplie de maux, la mer en est remplie, les maladies se plaisent à tourmenter les mortels nuit et jour et leur apportent en silence toutes les douleurs, car le prudent Jupiter les a privées de la voix. Nul ne peut donc échapper à la volonté de Jupiter[1]. »

Ce texte a suscité des interrogations car son interprétation est difficile. Pourquoi l'espoir est-il enfermé dans le vase avec toutes les autres calamités ? Est-il considéré par les Grecs comme un mal, une forme d'illusion, d'utopie ? Le terme grec (*elpis*) recoupe-t-il le même sens que le mot contemporain ? Sans pouvoir trancher ce débat que je laisse aux experts, il me plaît de l'évoquer pour discuter d'une question que les journalistes ou les amis posent souvent aux écologistes : êtes-vous optimistes ou pessimistes ? C'est la plupart du temps une question absurde. Car l'enjeu n'est pas de rêver à une société idéale et utopique, mais d'envisager le plus rationnellement possible les moyens de résoudre les problèmes de notre société. C'est d'ailleurs l'un des sens du livre de Jonas, qui pointe le danger de l'utopie marxiste. La question peut donc être reformulée ainsi : l'espoir est-il une bonne ou une mauvaise chose ? Un moteur nécessaire de l'action ou un filtre imbécile sur la réalité ?

Je ne suis nullement un spécialiste de l'Antiquité, mais il semble que les Grecs appréciaient davantage une autre vertu : la *mètis*, la ruse, ou l'intelligence pratique, celle qui fit la gloire d'Ulysse. C'est sous ces auspices que je voudrais conclure : plus que d'espoir, nous avons besoin de nouveaux outils intellectuels pour mieux appréhender les transformations que connaît notre société. Il ne suffit pas d'être de bonne volonté, il s'agit à présent d'être malin. Car il ne faut rien de moins que changer le monde.

Notes

Introduction

1. Rapport sénatorial sur l'amiante, https://www.senat.fr/rap/r05-037-1/r05-037-1.html

Première partie
En finir avec l'écologie punitive

1. Émissions de CO_2 de la France : https://www.connaissancedesenergies.org/sites/default/files/album_images/emissions-mondiales-co2-par-pays_zoom.png

2. « On s'est trompé dans notre tactique pour combattre le réchauffement », *Le Monde*, 4 décembre 2017, http://www.lemonde.fr/pollution/article/2017/12/04/on-s-est-trompe-dans-notre-tactique-pour-combattre-le-rechauffement_5224213_1652666.html#rI8GF8s2sSEPoMyy.99

3. FFMC/Europe1, http://www.europe1.fr/societe/lille-400-motards-manifestent-contre-les-restrictions-de-circulation-3457628

4. AEE, https://www.eea.europa.eu/publications/air-quality-in-europe-2017/

5. BEH, http://invs.santepubliquefrance.fr/beh/2016/26-27/2016_26-27_1.html

6. http://www.conseil-etat.fr/Actualites/Communiques/Pollution-de-l-air

7. http://www.ineris.fr/substances/fr/substance/cas/50-29-3

8. http://www.20minutes.fr/planete/863716-20120120-environnement-agriculteurs-veulent-ecologie-punitive

9. http://www.liberation.fr/terre/2009/06/30/le-retour-du-concombre-courbe_567776

10. http://www.lemonde.fr/planete/article/2017/02/28/perturbateurs-endocriniens-nouvel-echec-a-bruxelles_5087021_3244.html

11. http://santepubliquefrance.fr/Actualites/Nutri-score-un-nouveau-logo-nutritionnel-appose-sur-les-produits-alimentaires

12. https://www.epa.gov/pollinator-protection/colony-collapse-disorder

13. https://www.legifrance.gouv.fr/eli/loi/2016/8/8/2016-1087/jo/article_125

14. *Libération*, http://www.liberation.fr/futurs/2013/05/19/les-fraudeurs-font-leur-miel-sur-le-dos-des-apiculteurs_904043

15. André Cicolella, http://reseau-environnement-sante.fr/wp-content/uploads/2016/01/La-transition-%C3%A9pid%C3%A9miologique.pdf

16. https://www.theguardian.com/us-news/2017/dec/21/us-life-expectancy-down-for-second-year-in-a-row-amid-opioid-crisis

17. http://www.capital.fr/enquetes/derapages/l-autre-chantier-maudit-d-areva-1205142

18. *Les Échos*, https://www.lesechos.fr/industrie-services/energie-environnement/030444892704-letat-lance-la-recapitalisation-qui-va-sauver-areva-2101752.php

19. *Le Monde*, http://www.lemonde.fr/economie-francaise/article/2018/01/22/

nucleaire-new-areva-change-de-nom-et-devient-orano_5245450_1656968.html

20. file :///C :/Users/Olivier/Downloads/20160310-rapport-strategie-internationale-EDF-S2015-1442.pdf

21. *Les Échos*, https://www.lesechos.fr/03/07/2017/lesechos.fr/030425822656_nucleaire---premier-revers-pour-l-epr-anglais-d-edf.htm#w6pydfW54UtD9bzC.99

22. *20 minutes*, http://www.20minutes.fr/economie/1815479-20160330-projet-epr-royaume-uni-pourquoi-gouvernement-pousse-autant-edf

23. *Huffington Post*, http://www.huffingtonpost.fr/corinne-lepage/pourquoi-le-nucleaire-est-en-train-de-ruiner-la-france_a_23245628/

24. https://www.theguardian.com/environment/2017/sep/11/huge-boost-renewable-power-offshore-windfarm-costs-fall-record-low

Deuxième partie
L'écologie comme moyen

1. http://www1.udel.edu/educ/gottfredson/reprints/1997mainstream.pdf

2. http://lanredec.free.fr/polis/art_tragedy_of_the_commons_tr.html

3. Elinor Ostrom, *Gouvernance des biens communs*, De Boeck, 2010.

4. http://www.iata.org/pressroom/pr/Documents/French-PR-2015-02-05-01.pdf

5. Adam Smith, *Recherches sur la nature et les causes de la richesse des nations* (1776), livre IV, chap. 2, réédition Flammarion, 1991, tome II, p. 42-43.

6. Garrett Hardin et John Baden, *Managing the Commons*, W. H. Freeman, 1977.

7. « Impacts of Biodiversity Loss on Ocean Ecosystem Services », *Science*, vol. 314, 3 novembre 2006.

8. Livre vert de la pêche, 2009, Commission des communautés européennes, http://eur-lex.europa.eu/legal-content/FR/TXT/PDF/?uri=CELEX:52009DC0163&from = FR

9. « Les quotas individuels de pêche transférables : bilan et perspectives pour une gestion durable », http://temis.documentation.developpement-durable.gouv.fr/documents/Temis/0062/Temis-0062931/18057.pdf

10. http://rightsandresources.org/en/publication/view/chinas-forest-tenure-reforms-impacts-and-implications-for-choice-conservation-and-climate-change/)

11. https://www.wri.org/our-work/topics/forests

12. http://www.atlantico.fr/decryptage/ecologie-positive-pronee-segolene-royal-expliquee-aux-nuls-environnement-remy-prud-homme-1047731.html#m3MURW3pLQ1hblhh.99

13. https://d3n8a8pro7vhmx.cloudfront.net/republicains/pages/6560/attachments/original/1462287977/2016-05-02_-_les_Republicains_-_document_orientation_-environnement.pdf ?1462287977

14. http://www.republicains.fr/actualites_nicolas_sarkozy_journee_travail_environnement_20160503

15. Rapport Stern, http://webarchive.nationalarchives.gov.uk/+/http:/www.hm-treasury.gov.uk/sternreview_index.htm

16. Olivier Godard, https://www.cairn.info/revue-d-economie-politique-2007-4-page-475.htm

17. *Le Monde*, http://www.lemonde.fr/planete/article/2017/11/13/le-cri-d-alarme-de-quinze-mille-scientifiques-sur-l-etat-de-la-planete_5214185_3244.html#ycppmohEfokLSSAW.99

18. http://www.lefigaro.fr/environnement/2013/07/26/01029-20130726ARTFIG00400-paul-watson-le-pirate-ecolo.php

19. Luc Ferry, *Le Nouvel Ordre écologique*, Grasset, 1992.

20. Catherine et Raphaël Larrère, *Du bon usage de la nature*, Champs-Flammarion, 1997.

TROISIÈME PARTIE
Écologie et justice

1. Ulrich Beck, *La Société du risque*, Aubier, 2001.

2. http://www.ors-idf.org/dmdocuments/2016/PNE_NoteRapide.pdf

3. Jade Lindgaard, Mediapart, https://www.mediapart.fr/journal/france/210617/canicule-et-pollution-les-pauvres-plus-impactes-que-les-autres?onglet=full

4. http://inrix.com/press/scorecard-report-france/

5. Jeremy Rifkin, *L'Âge de l'accès. La nouvelle culture du capitalisme*, La Découverte, 2000.

6. Étude OCDE et ITF, http://oecdinsights.org/2015/05/13/the-sharing-economy-how-shared-self-driving-cars-could-change-city-traffic/

7. http://www.ademe.fr/sites/default/files/assets/documents/enquete-autopartage-en-trace-directe-201405.pdf

8. *L'Opinion*, http://www.lopinion.fr/edition/economie/berlin-va-legaliser-voiture-presque-conducteur-favoriser-industrie-107068

9. *Le Figaro*, http://www.lefigaro.fr/societes/2016/07/08/20005-20160708ARTFIG00242-patrick-pelata-les-perspectives-de-la-voiture-autonome-sont-considerables.phpReference itv Renault Figaro

10. https://www.airparif.asso.fr/actualite/detail/id/213

11. Bjørn Lomborg, *La Tribune*, http://www.latribune.fr/opinions/tribunes/20150104trib0043b00e3/

climat-sortir-de-l-absurdite-des-politiques-actuelles.html?mc_cid=697e72a4c3&mc_eid = e28f5bb95a

12. Rapport sur l'évaluation des politiques publiques de lutte contre la pollution de l'air.

http://www.assemblee-nationale.fr/14/rap-info/i3772.asp

13. Rapport sur « La politique de développement des énergies renouvelables », https://www.ccomptes.fr/Publications/Publications/La-politique-de-developpement-des-energies-renouvelables

14. http://www.faz.net/aktuell/wirtschaft/wirtschaftspolitik/oekostrom-regierungsberater-wollen-eeg-abschaffen-12820227.html

15. https://www.ted.com/talks/esther_duflo_social_experiments_to_fight_poverty/transcript?language=fr

16. Thomas Sterner (éd.), *Fuel Taxes and the Poor*, Routledge, 2012, https://www.routledge.com/Fuel-Taxes-and-the-Poor-The-Distributional-Effects-of-Gasoline-Taxation/Sterner/p/book/9781617260926

Quatrième partie
Écologie prométhéenne

1. http://www.fondapol.org/debats/1597/

2. Hans Jonas, *Le Principe responsabilité*, trad. française, Champs-Flammarion, 1998.

3. Goethe, *Bedecke deinen Himmel.*

4. Ivan Illich, *La Convivialité*, Seuil, 1973.

5. Denis Cheynet, http://carfree.fr/index.php/2005/02/23/automobile-et-dcroissance/

6. Ulrich Beck, *op. cit.*

7. MIT Review, http://newsoffice.mit.edu/2013/innovation-in-renewable-energy-technologies-booming-1010

8. Yann Arthus-Bertrand, *20 ans après… la Terre ?* La Martinière, 2012.

9. http://thehill.com/policy/energy-environment/250728-wind-power-hits-lowest-price-on-record

10. http://www.hq.nasa.gov/office/hqlibrary/documents/o56716382.pdf

11. Amory Lovins, *Réinventer le feu*, Rue de L'Échiquier, 2013.

12. WorldWatch Institute, *Comment nourrir 7 milliards d'hommes*, La Martinière, 2011.

13. Ramez Naam, *The Infinite Ressource*, UPNE, 2013.

14. Michel Prieur, LegisCompare, http://www.legiscompare.fr/web/IMG/pdf/2-Prieur.pdf

15. Ulrich Beck, *op. cit.*

16. Catherine et Raphaël Larrère, *op. cit.*

17. http://www.republicains.fr/actualites_nicolas_sarkozy_journee_travail_environnement_20160503

18. https://www.legifrance.gouv.fr/affichCodeArticle.do?cidTexte=LEGITEXT000006074220&idArticle = LEGIARTI000033033501&dateTexte = 20171015

19. *Libération*, http://www.liberation.fr/futurs/2016/07/26/dieselgate-feu-vert-preliminaire-du-juge-a-l-accord-amiable-aux-usa_1468743

20. *Le Monde*, http://www.lemonde.fr/economie/article/2014/07/14/les-dix-plus-grosses-amendes-infligees-par-les-etats-unis-aux-banques-en-trois-ans_4456986_3234.html

21. Stéphane Horel, *Intoxication*, La Découverte, 2015. Voir aussi l'article de Stéphane Foucart et Stéphane Horel, « "Monsanto papers", désinformation organisée autour du glyphosate », *Le Monde*, http://www.lemonde.fr/planete/article/2017/10/04/monsanto-papers-desinformation-organisee-autour-du-glyphosate_5195771_3244.html

22. Déclaration de Rio, http://www.un.org/french/events/rio92/rio-fp.htm

23. *Le Monde*, http://www.lemonde.fr/sante/article/2017/07/13/le-paquet-de-tabac-a-10-euros-permettra-t-il-de-freiner-la-consommation-de-cigarettes_5160131_1651302.html#G2eYQOMEEsLYqU0X.99

APPENDICE
Pandore

1. Hésiode, *Les Travaux et les Jours*, http://remacle.org/bloodwolf/textes/pandora.htm

Remerciements

Je voudrais remercier ma sœur Tatiana, militante écologiste de toujours, pour ses précieux avis, commentaires et critiques, tout au long de l'écriture de ce livre, et mon fidèle ami Stéphane Deligeorges pour ses conseils.

Je voudrais également remercier Yann Arthus-Bertrand, au contact de qui j'ai tant appris. C'est à lui que je dois d'avoir compris combien l'écologie est avant tout une question d'hommes et de femmes.

TABLE

Cet ouvrage a été imprimé par
CPI BRODARD ET TAUPIN
pour le compte des Éditions Grasset
en avril 2018

Mise en pages PCA
44400 Rezé

PAPIER À BASE DE
FIBRES CERTIFIÉES

Grasset s'engage pour
l'environnement en réduisant
l'empreinte carbone de ses livres.
Celle de cet exemplaire est de :
250 g Éq. CO_2
Rendez-vous sur
www.grasset-durable.fr

N° d'édition : 20444 – N° d'impression : 3028819
Dépôt légal : mai 2018
Imprimé en France